河北省高等教育教学改革研究重点项目

普通高校
教学督导体系与监控机制的
科学构建及实施研究

——以河北科技师范学院为例

武士勋 著

燕山大学出版社

2018·秦皇岛

图书在版编目（CIP）数据

普通高校教学督导体系与监控机制的科学构建及实施研究 / 武士勋著.—秦皇岛：燕山大学出版社，2018.4

ISBN 978-7-81142-617-5

Ⅰ. ①普… Ⅱ. ①武… Ⅲ. ①高等学校－教育视导－研究 Ⅳ. ①G647

中国版本图书馆 CIP 数据核字（2018）第 062234 号

普通高校教学督导体系与监控机制的科学构建及实施研究

武士勋 著

出 版 人：陈 玉
责任编辑：唐 雷
封面设计：朱玉慧
出版发行：燕山大学出版社 YANSHAN UNIVERSITY PRESS
地 址：河北省秦皇岛市河北大街西段 438 号
邮政编码：066004
电 话：0335-8387555
印 刷：秦皇岛墨缘彩印有限公司
经 销：全国新华书店

开 本：700mm×1000mm 1/16　印 张：12.25　字 数：210 千字
版 次：2018 年 4 月第 1 版　印 次：2018 年 4 月第 1 次印刷
书 号：ISBN 978-7-81142-617-5
定 价：38.00 元

前　言

在高等学校中，人才培养、科学研究、社会服务、文化传承是高等教育的四大功能。其中人才培养是最根本、最核心的工作和任务，提高教育教学质量是永恒的主题，好的教学秩序是所有工作有效实施的前提，良好的教风、学风、考风是校风的传承和体现。这些工作的落实，一方面，高校要有一个坚强的领导集体，有一套科学可行的管理制度，有一支师德高尚、结构合理、素质优良、业务精湛的师资队伍，有一支懂管理、会管理的干部队伍；另一方面，要建立必要的监督约束机制。其中，教学督导体系与监控机制的建立是高等学校提高教育教学质量必不可少的途径和手段。

建立合理的教学督导体系与监控机制，有利于对影响教学质量的各种因素和教学过程的各个环节进行客观的规划、核查、调节，确保教学任务的顺利完成；有利于保持良好的教学运行状态，既可以从宏观上掌握学校教学目标设计与实际实现之间存在的差距，也可以从微观上了解各门课程目标是否得以实现，为后续的任务安排给予有利参考与指导；有利于强调质性评价与量性评价结合的方式，实现评价指标的多元化；有利于在实施过程中不断总结经验、查找问题、不断完善；有利于发挥各机制的评价功能，使各评价机制成为促进教育教学发展与提高的功能。

科学构建教学督导体系与监控机制是提高普通高校教育教学质量的需要，是教学管理工作逐渐走向规范化、科学化的需要，也是建立教学质量监控保证体系中自我约束的有效途径，是高等学校自我诊断评价、自我约束、自我完善的重要手段，对提升普通高校办学效益和办学水平，促进教学秩序的稳定和教学质量的整体提高具有十分重要的现实意义和深远影响。

全国几乎所有高校均设有教学质量监控机构，有的设质量监控科、有的设教学督导组，但系统地分析、研究高校督导监控机制的理论，特别是做到理论实践相结合的并不多见。本著作是河北省高等教育教学改革研究项目重点课题《普通高校教学督导体系与监控机制的科学构建及实施研究》的研究成果，并充分结合河北科技师范学院教学督导和质量监控的实践进行了总结提炼和升华，已形成较为完善的“三级三方”六位一体教学督导监控反馈体系，为全校良好的教学秩序起到了有效的保障作用，为学校整体教育教学质量的提升保驾护航。希望通过此项研究工作的开展，不断总结、推广经验，达到学习交流的目的，使我校教学督导工作有章可查、有据可依、有资可鉴，进一步推进督导工作的制度化、科学化、规范化建设。

本著作主要分为两大部分。第一部分主要是理论基础，阐述了高校建立教学督导体系与监控机制的目的、意义，相关理论依据，介绍了教学督导资料的收集方式和方法，整理分析资料的工具和手段，对目前高校在质量监控方面存在的问题及改进意见进行了分析和阐述。第二部分是督导实践，以河北科技师范学院为例，从规章制度、队伍建设、工作简报信息发布、评优评先、学习交流、信息反馈、事故处理、工作剪影等方面进行实证性、系统性总结，本着尊重历史、力求全面、实事求是的原则，注重体现材料的系统性和可参考性。

真诚希望值此著辑印之际，为进一步推进我校教学督导工作的制度化、规范化及可持续发展和建设发挥一定的作用，同时对在编写工作中提供帮助的王树元、范学荣、刘欣、王静、周铁军等老师表示感谢！也期待各高校的同人们提出宝贵的建设性意见，以便今后更加全面地充实和完善，我将不胜感激。

武士勋

2018 年 1 月

于秦皇岛海滨

目　　录

第一章　导　言

第一节　选题背景及研究意义

一、研究目的

教学质量是高等学校建设与发展的永恒主题和生命线。高等教育作为我国人才培养的摇篮，肩负着为社会培养创新型人才的历史重任。但是随着高等教育改革的不断推进，尤其是高校大规模扩招以后，高等教育办学的规模不断扩大，导致教育软件和硬件的配比失衡，威胁到了教学和人才培养的质量。为了更好地实现教书育人的目的，提高高校的教学质量，维持本科教学、管理的规范，就要加强对教学相关工作的监督和指导，通过合理的评价体系对高等教育的教学和管理进行评价和监督。

教育部出台的《关于进一步深化本科教学改革，全面提高教学质量的若干意见》（教高〔2007〕2 号）文件，正式要求各高等学校建立教学督导制度，并把教学督导制度作为保证提高教学质量的长效机制。作为一项在逐步探索和实践中成长起来的工作制度，教学督导成了大众化高等教育体制下教学质量的有力保障和监控体系中不可或缺的重要环节。其工作主要是以监督学校教学工作为主，包括督教、督学、督管三个方面，确保高校能够适应不同时期改革和发展的需求，完成教学目标、保障教学质量。督导人员主要职责是通过深入教学一线，在充分了解高校运行、教师教学和学生学习等情况后，提出有针对性的建议。

在精英化教育转变为大众化教育的大背景下，各高校只有不断地审视自己的定位、人才培养目标和办学指导思想，才能够确保教学质量标准的执行和教学目标的实现。在普通高校的教育教学中，科学构建教学督导体系与监控机制的实施对提高教学质量，促进教学工作的深入开展有着重要的理论指导意义和应用价值。然而，目前学者对教学督导的理解莫衷一是，各高校对教学督导工作机制的认识和实践也在探索阶段，督导工作的开展尚存在着很多问题和误区。因此，我们在深入研究文献和广泛调研的基础上，结合我校多年来督导工作开展的实践，提出更为合理和实用的教学督导体系和监控机制，希望研究成果能够为其他普通高校督导工作的开展提供参考。

二、研究意义

从理论层面上看，我国督导工作开展要晚于西方国家，目前研究也处在初级阶段。理论研究很少，实证研究更是不充分。我们的研究正好填补了这一空白。结合文献研究和深度调研，厘清现今普通高校督导体系的问题所在，并以我校为试点，结合实践提出切实可行的督导体系与监控机制，丰富高校督导体系的理论建构和实证研究。

从现实层面上看，普通高校办学规模的扩大要求其在专业设置、人才培养、师资力量等方面进行相应的调整。一些新建的普通高校是由原来的专科院校转制形成的，有些方面尚未达到本科教学规范的要求。原有的本科院校为了扩大办学规模，吸收了大量缺乏教学经验的年轻教师充斥到原有师资队伍中。在年轻教师饱满的教学热情背后，难免存在着经验不足的隐患。扩招政策的实施也使得学校生源质量受到了很大的冲击，产生了各种校风、学风问题。在这样的大背景下，如何保障教学和人才培养的质量就成了普通高校工作的重中之重。事实证明，建立合理的教学督导体系与监控机制有利于保障普通高校的教学标准和目标的实现。其作用和意义主要体现在以下几个方面：（1）有利于对影响教学质量的各种因素和教学过程的各个环节，进行客观地规划、核查、调节，以确保教学任务的顺利完成；（2）有利于保持良好的教学运行状态，既可以从宏观上掌握学校教学目标设计与实际实现之间存在的差距，也可以从微观上了解各门课程目标是否得以实现，为后续的任务安排给予有利参考与指导；（3）有利于强调质性评价与量性评价结合的方式，实现评价指标的多元化；（4）有利于在实施过程中不断总结经验、查找问题、不断完善；（5）有利于发挥各机制的评价功能，使各评价机制成为促进教育教学发展与提高的功能。

总之，科学构建合理的教学督导体系与监控机制是提高普通高校教育教学质量的需要，是教学管理工作逐渐走向规范化、科学化的需要，也是建立教学质量监控保证体系中自我约束的有效途径，是学校自我诊断评价、自我约束、自我完善的重要手段。对提升普通高校办学效益和办学水平，促进教学秩序的稳定和教学质量的整体提高具有十分重要的现实意义和深远影响。

第二节　国内外研究现状

督导，即英文中的“supervision”，意思是监督、管理某一事情或者人的行为、活动的进展情况。西方国家对教育的督导始于17世纪，主要是由校外人员组成委员会对学校的教学及发展、教师的授课、学生学习等活动进行检查。20世纪30年代以前，在科学管理思想的影响下，教育督导的人员更加专业化。专业的督导人员利用自己的专业知识对教师进行指导，旨在提高教学质量。督导工作的实施主要是通过参与考查课堂教学，给予教师教学方法等方面的建议。直到20世纪中叶，人际关系督导模式丰富了原有的督导模式，开启了通过改善人际关系和满足人的需要而逐步实现教育改进的新篇章。之后，因为受到了行为科学的启发，原来的直接观察和指导逐渐转变为间接地督导。督导人员的主要职责是监督教师的教学工作。21世纪开始，在西方国家，由立法部和政府教育部门对学校教育管理进行监督，逐步出台了标准化的法律法规和各项指标来衡量学校各项教学工作。近年来最新的教育督导模式强调合作式或伙伴型的关系模式，即督导机构和人员与学校、教师之间是平等的合作关系，而非传统意义上的层级关系。督导工作由督导人员和教师共同完成，重点关注教师的成长而不是教师对督导建议和命令的服从和执行。同时对教学工作持续性、反思性的探究逐渐盛行。

教学督导与教育监督关系密切，但也存在着一些差异。教学督导主要是高校管理层为了提高教学质量和人才培养质量所进行的内部监督。教育监督则多是由教育行政部门对基础教育的监督。另外，教学督导的对象是高校办学、教师授课、学生学习等方面。而大家对教育督导的概念存在着多种理解。洪煜亮[1]等学者认为“教育督导，实质上是一种行政监督和管理的重要职能，是国家对教育实行监督和指导的有效机制和有力手段，也是现代教育管理体系必不可少的重要的组成部分。它的特定含义是指县以上各级人民政府授权给所属的教育督导机构和人员代表本级政府及教育行政部门对下级人民政府的教育工作、下级教育行政部门的工作和学校的工作，依据国家的有关方针、政策、法规，按照督导的原则和要求，运用科学的方法，进行监督、检查、评估、指导，并向本级和上级人民政府及其教育行政部门报告教育工作情况，并提出建议，为政府的决策提供依据。”针对教学督导的研究也是始于西方国家。布尔顿[2]（Bolin，1922）曾首次在《督导与改进教学》中定义教学督导是一个为提高教学而进行的有组织的活动，其任务是“提高教师的教学，选择组织教材，考查教学效果，提高在职教师水平以及对教师进行评价。”西方国家对高等教育质量监控的关注是从20世纪六七十年代开始的，一些发达国家非常重视高等教育教学质量监控的研究。如美国、英国、法国、加拿大等国家的高等教育之所以在国际上享有一定的声誉，除教学条件和名师外，主要是重视教学质量监督与监控，在教学质量监控体系的建立与监控机制的实施上有所创新，也是十分重要的因素。

我国有关教学督导体系与监控机制的研究主要从20世纪80年代开始，研究内容主要集中在教学督导的基本范畴，即起源、定义、功能、作用等，以及教学督导机制，包括规章制度、队伍建设、评价指标等方面。总的来说，我国督导工作的开展要晚于西方国家。虽然听课这一督导活动的主要形式，很早就出现在各大高校。但是督导活动的真正兴起是在1999年高校扩

[1] 洪煜亮 . 教育督导及教育督导评估 [M]. 北京：北京师范大学出版社，1993.

[2] Bolin，F S. On defining Supervision[J]. Journal of Curriculum and Supervision，1922（2）：368-369.

招后。随着办学规模的不断扩大，学生人数的逐年增加，教学经费的投入不足，面临教学质量下降的难题已成为国家教育行政部门、各级各类高等学校、广大学生及其家长关注的焦点、热点。党中央、国务院曾经反复强调高等教育要切实把重点放在提高质量上，教育部教高〔2005〕1号文件下发了《关于进一步加强高等学校本科教学工作的若干意见》和《大力加强教学工作，切实提高教学质量》；国家《教学督导条例》自2012年10月1日起实施；党的十八大提出“努力办好人民满意的教育，不断深化教育领域综合改革，着力提高教育质量，培养学生创新精神”。各高校也将提升教学质量作为各项工作的重中之重。但教学质量的提高除具备充足的硬件条件和良好的师资力量外，良好的教学秩序是提升教学质量的前提和保障。到目前为止，有关教学质量监控体系的建立与保障机制的实施在各高校还未得到充分重视，往往是重视检查多，自我监控评价少。因此，科学构建、完善系统的教学督导体系与监控机制的实施对提升普通高校教学质量和人才培养质量来说是当务之急，也是社会赋予普通高校的历史使命。

第三节　研究路线、方法与创新之处

一、研究方法与思路

我们主要是调研一些普通高等院校和重点院校的教学督导工作的开展情况，重点关注督导体系与监控机制的科学构建两个方面。通过研读文献和总结调研资料，探究理论和经验性的成果。并通过在我校的不断实践，发现问题，解决问题，对督导体系和监控机制的科学构建提出合理建议。研究主要采用的方法为理论研究法、抽样调查法、问卷法、追踪调查法、动态查询法和实证分析法。

（1）理论研究法：研究有关教育类理论的报刊、杂志、已有著作文献，结合新形势下的需要来进行重点研究。

（2）抽样调查法：选择国内 5 所以上重点高校、5 所普通高校，对教学督导体系构建情况进行调研，博取各校之长，形成具有普通高校特色的教学督导体系和监控机制。

（3）问卷法：对所选择的院校进行问卷调查。根据调查内容，汇总、确定问题，讨论对策。

（4）追踪调查法：对试点院校进行调查访问，持续追踪，为形成具有普通院校特色的教学督导体系与监控机制的科学构建模式奠定基础。

（5）动态查询法：充分利用 Internet 和图书馆检索、网络查询等方法，了解国内外有关教学监控机制等方面的前沿动态。

（6）实证分析法：在多年教学督导体系构建的基础上，以试点院校为对象，边研究边实施，在研究之中创新，在实践之中完善，最终建立科学完善的教学督导体系和监控机制。以河北科技师范学院为例，在十几年教学质量监控的基础上边研究边实施，在研究之中不断创新，在实践之中不断完善，不断查找问题，分析原因，总结经验，寻找对策，最终形成科学、完善、符合实际的教学督导体系与监控机制。

研究分为四个阶段有序进行：

第一阶段：制订研究计划。

第二阶段：调查及理论研究。

第三阶段：实践应用研究。

第四阶段：成果验收。

二、研究内容

理论研究：运用统计学、管理学、教育学、心理学、行为学、社会学等相关理论“科学构建普通高校教学督导体系与监控机制”，对课题所涉及的教学督导体系的内涵、内容、特点、目标、形式以及遵循的教学质量监控机制等方面进行深入系统的理论研究，最终提出普通高校教学督导体系的构建框架与教学质量监控机制实施评价办法和指标体系的具体内容。

实践研究：基于理论研究的基础之上，综合运用文献研究、调查研究和比较研究等方法，结合普通院校的特点和我校实际情况，尝试性地建构普通高校教学督导体系与监控机制的实施方案，形成一个能够保证和提高普通高校教学质量有效的监控机制，以保证普通高校的可持续发展。

（1）教学决策机制：明确教学质量目标，确定监控内容，设定监控环节，制定或调整政策措施和主要监控环节的质量标准。

（2）教学运行机制：协调教学运行过程中出现的问题，统计分析执行结果，提出改进工作的措施。

（3）教学监控机制：完成教学计划，进行教学建设与教学研究，总结分析教学运行情况。

（4）教学评价机制：通过教学质量的监控，及时获得教学过程中各个要素、各个环节和工作状态的信息反馈，对教学过程进行准确客观地监控、评判与调整。推动普通学校教育教学质量管理的进一步系统化、合理化、科学化，实现普通学校办学水平和社会地位的不断提升。

三、创新之处

在以往的研究中，理论研究不够系统、深入，而且大部分为经验总结类研究。基于实践的行动研究也相当匮乏，并且针对性和实用性不强。本研究结合理论和调研，聚焦普通高等院校的办学实际，并且通过在我校的多年实践和不断完善，明确提出普通高校教学督导体系和教学质量监控机制科学构建的实施建议。成果的创新点主要体现在以下几个方面：

（1）建立了校级督导、院系督导、学生信息员三级监督及学生输送方——家长、社会需求方——用人单位和接受教育方——学生三方反馈的“三级三方”六位一体的教学质量监控反馈机制；

（2）将管理学原理和统计中信息资料搜集的方式方法和资料加工整理分析的手段运用到了该研究之中；

（3）时代性和前瞻性：紧密结合国家《教学督导条例》普通高等学校本科教学工作审核评估及“教学督导体系和教学质量监控”的相关精神，针对普通高校的办学现状，着眼普通高校未来发展，不断提升人才培养质量和办学水平；

（4）创新性和科学性：“教学督导体系和教学质量监控”是一项复杂的系

统工程，本研究成果的各项措施、环节既是科学严密的，又是合情合理的；

（5）可操作性和可借鉴性：本研究成果是在普通高校办学管理实践中，进行多年的总结和升华，具有一定的可操作性和可借鉴性。

本项目完成及成果实施后，可在很大程度上提高普通高校教学质量，有利于普通高校的可持续发展和人才培养质量的提高。

第二章 高等学校教学督导监控的相关理论

第一节 教学督导的概念、内容和职能

一、教学督导的概念、内容、职能与作用

（一）教学督导的概念

教学督导，是指在教学运行过程中，借助一定的评价指标体系，科学督查教师教学质量、学生学习效果以及教学管理工作，引导教、学、管三方适时调整教学行为的一项日常教学管理活动，是高等学校教学质量监控体系的重要组成部分。

教学督导的内容主要有督教和导教，对教师教学全过程中的主要教学环节的检查、监督、帮助和指导；督学和导学，对学生在学习全过程中各方面的情况进行监督、检查和多方面引导；督管和导管，对教学管理环节、育人环境的管理进行监督、检查、督促并提出合理化建议，特别是对教学管理部门和管理人员的工作进行检查、监督与评价，促进教学和育人环境向高效、有序、规范的科学管理迈进。教学督导的目的在于促进教学及教学管理工作的科学化、规范化，促进良好教风、学风和考风的形成，提高教学质量和管理水平。

（二）教学督导的职能

教学督导的主要职能包括监督职能、检查职能、指导职能。监督职能，

主要体现在对教师教学质量的监督和学生学习状态的监督，可以促进教师提高教学质量。检查职能，通过检查教学管理各个环节，掌握各项政策、规章、制度的实施情况，督促各院系按时完成学校工作，检查教师按教学计划高质量完成教学任务的情况。指导职能，督导人员在进行检查的同时及时指出发现的问题，并与各教学管理部门、院系、教师在共同分析、探讨、切磋的基础上提出具体的指导意见。

（三）教学督导的作用

教学督导的作用是通过履行督导的职能来实现和发挥的。教学督导作用的外延非常宽泛，概括起来主要包括以下几方面：

参谋作用。教学督导组在教学工作的检查中必然会遇到较多的问题，他们对所获得的各类信息进行归纳、分析和总结后，提出改进的意见和建议，这些意见和建议为学校的教学主管部门及校领导提供决策信息，并能帮助教学相关人员提高教学能力和教学管理水平。

咨询作用。高等学校担任督导工作的人员，一般都是退居二线的老院长（主任）、老专家、老教育工作者。他们不仅爱岗敬业，往往对学校有深厚的感情，有丰富的教学和管理经验。通过对他们的咨询，会产生智力劳动的综合效益，起到为校领导或部门充当顾问、参谋和外脑的作用。

信息收集作用。教学信息的收集和反馈是教学质量监控体系中十分重要的一环。教学信息收集和反馈的渠道很多，但教学督导组收集和反馈信息的特点是及时、可靠。因为教学督导员活跃在课堂和学生之间，他们采用不同的方法和措施可以收集到较多的第一手资料，包括听课原始记录、常规检查原始记录等。教学督导员听课面广、量大，在与教师和学生的接触中可以及时了解他们对教学管理部门及学校的意见，了解教师对学生学风方面的意见，了解学生对教师师德、教学态度、敬业精神等方面的意见。由于教学督导员都是由具有丰富教学经验、威信较高的教师组成，他们又不担任行政职务，教师和学生往往很愿意向他们反映情况，因此从教学督导组那里获得的信息比较及时和可靠。

桥梁作用。教学督导员是联系学校与各教学单位、广大师生的桥梁和纽带。学校的主要工作是教学，教学督导员经常深入教学一线，深入到教师和学生中，了解教学和教学管理工作的有关情况并听取师生意见。广大师生对学校的教学、教改和发展等有关问题有切身的体会。他们最有发言权，有较多好的思路、办法和经验，也有较多的困难和苦衷，需要及时向教学督导员反映。教学督导组的存在，使得学校领导和教师、学生之间形成了一座相互沟通的桥梁。

检查和督促作用。教学督导看课、听课、检查实践教学是随机进行的，以便及时掌握任课教师的备课情况、上课纪律、教学组织能力、学生的课堂纪律及出勤等情况。教师和学生对教学督导组的听课和检查是十分重视的。因为教学督导组的听课对他们来说是一种“压力”，大家都希望在教学督导组听课时表现良好。因此，教学督导组的听课和检查无形之中对教师的教和学生的学都有一定的督促作用。

指导作用。教学督导组在教学工作的检查中，尤其是在教师进行教学改革和创新的实践过程中，教学督导员也可从听课、评课的角度帮助其分析成败，帮助教师找出自己的优势和劣势，并协助感到困惑并希望得到帮助的教师制定教学策略，介绍课堂组织经验，指导教学方法，探讨教学改革等，从而使这些教师能尽量少走弯路，得到较快的进步而尽快成为教学骨干。尤其是一些新办专业的教师和青年教师，由于教学经验不足，难免出现这样那样的问题，这时教学督导员的指导作用就显得非常必要。

诊断评价作用。教学督导组在学校领导的授权下，可以对学校开设的专业、课程及各个教学环节进行诊断和评价。但这种工作可以是临时性的，也可以纳入学校常规的教学管理工作中。

以上七个方面的作用，在具体实施过程中不是孤立的，而是相互贯通、融为一体的，最终的目的是要落实到促进教学质量的提高上。

（四）教学督导工作的基本原则

（1）真实性原则。又称客观性原则，教育督导必须尊重客观现实的存在性，坚持实事求是，依法、依规、依程序督导，秉公督导，做到摸实情、取实据、讲实话、出实招、收实效。

（2）服务性原则。教学督导必须有强烈的服务意识，心系学校发展、力尽督导所能，及时为被督导单位和师生提供服务、给予支持和帮助。督导人员要廉洁自律，勤俭督导，不搞特殊化，以身作则，树立督导专家或督导员的良好形象。

（3）指导性原则。教学督导人员必须认真学习国家有关政策、教育理论、教育法规，关注国家教育改革的形势发展，关心学校的中心任务，努力成为学校的专家顾问，教育教学问题最积极的研究者，教育改革和先进目标理念的倡导者、传播者和指导者。做到调研提建议，参谋不决策，帮忙不添乱，配合不代替，成为被督导单位的良师益友。

（4）保密性原则。教学督导人员严格遵守保密纪律。妥善保管文件、资料等原始记录，不得遗失。对广大师生要予以充分的尊重，对教师、学生、群众反映的问题和意见，不得向外扩散，不应该向外透露的机密绝不泄露。

（5）研究性原则。采取灵活多样的形式，深入单位，深入师生，了解掌握第一手资料。积极主动地思考问题、研究问题，勇于提出新的思路和方法，要注意定性定量相结合，典型事例和具体数据相结合，及时发现、总结、推广管理的典型和成功经验，充分发挥典型的示范指导工作。

（6）稳定性和发展性原则。教学督导的主要目的是检查、指导提高，使学校有一个良好的教学和管理秩序，稳定是大局，在稳定的基础上求发展，所以督导首先要确保稳定，不采取激化矛盾的做法。稳定的目的是为了更好地发展，督导工作在评价工作或师生个人时，要历史、发展地看问题，要一分为二、辩证地看问题，防止出现片面性、主观性。

第二节　教学监控的概念、内容和职能

一、教学监控的含义

教学监控是对学校内部的教学管理活动及其效果进行衡量和校正，以确保学校人才培养目标以及为此而拟定的培养方案得以实现。它也是高校教学督导的重要职能。监控是否有效取决于培养方案制定的是否科学，教学大纲、课程大纲是否可行，授课计划安排是否合理，规章制度是否健全。

教学质量监控就是在教学质量评价的基础上，通过一定的组织机构，按照一定的程序，进行积极认真地规划、检查、评价、反馈和调节，采取有效的干预措施，以确保学校的教学工作按计划进行，并达到学校教学质量目标的过程。教学质量的高低关系到学校的生存和发展。对教学质量实施监控，是学校进行教学质量管理的重要手段，对提高教学质量具有重要意义。

二、教学质量监控的内容

教学质量监控包括教学管理、教学过程和教学对象等方面的内容。教学管理方面的监控内容，体现了学校对教学质量的要求与相应标准。在落实教学质量要求和完善教学质量标准方面进行监控，这是提高教学质量的重要前提。教学过程方面的监控内容，反映了教师教学工作上的主观能动性，体现了教学质量形成的主导方面。在教学质量形成的主导方面进行监控，这是提高教学质量的关键所在。教学对象方面的监控内容，反映了学生学习的主观努力和客观环境，体现了教学质量形成的主体方面。对教学质量形成的主体方面进行监控，这是提高教学质量的重要保证。

三、教学质量监控应注意的问题

（一）实施教学质量监控，必须全员提高认识，更新观念

实施教学质量监控必须有正确的指导思想。从学校领导层面，要重视教学，不是停留在口头上，在师资队伍、政策制度建设、资金保障等方面一定要体现以教学为中心；从员工层面，要使全体教职员工认识到，教学质量是学校生存和发展的根本，要真正体现教书育人、管理育人和服务育人。真正做到一切为了学生，为了学生的一切，为了一切学生；从学生层面，要使学生真正认识到，一方面为国家建设而学习，一方面为自己未来美好的高质量生活而学习，一方面为光宗耀祖而学习。学校可以通过教师政治学习、业务培训、教研活动、访学、出国交流等继续教育方式，加强教师的思想政治素质，业务素质，提高教师现代教育理论水平和现代教育技术水平。懂得由此及彼、由表及里地观察分析事物，学会

运用全面、发展的观点指导教学质量监控工作。

（二）实施教学质量监控，必须建立科学完整的监控体系

为了保障和提高教师每一节课的教学质量，学校首先要制定科学可行的，并适合本学校办学定位、办学层次、培养目标定位的建设制度、管理制度和培养方案，二是要组织老师加强制度的学习，建立对教师科学的考评机制，三是要做到有规可依、有规必依、违规必究、执规必严。比如要学校要明确教师的行为规范和业务规范要求，并相应建立有课堂教学常规要求、教研活动的形式和要求，如教学部或教研室定期开展教研活动，集体备课，教师的实践锻炼，继续深造，岗位职责，聘用制度，考核制度，教学专用场室管理制度，学生学籍管理制度等规章制度，以保证学校课程计划的实施。实施教学质量监控，必须对学校课程计划实施过程的相关因素进行系统监控，及时发现该系统存在的问题，采取适当措施，调整系统结构，改善系统功能，使教学质量监控系统及时得到完善，发挥更大的效用，保证教学质量的形成与提高。

（三）实施教学质量监控，充分利用现代信息技术手段

在教学质量监控的过程中由于涉及的层次多、方面广，会产生大量的数据。包括学生学习前的准备情况；学生学习过程中的作业、单元测试、期中期末考试、计算机、英语四六级、考研提升、学科竞赛等情况；学生的学籍管理、学生的奖惩管理、就业管理、市场调查、市场需求、宿舍管理、安全管理等大量数据。及时掌握、跟踪和处理相关数据，是学校和教师进行教学质量监控的必要前提。学校应当加强现代化的数字网络化建设，教师要能正确使用现代化的办公设备和办公软件，要加强对教师现代教育技术的教育和培训，运用计算机网络和计算机软件对教学质量监控过程中产生的大量数据进行信息化处理，从而使学校、教师、学生及时获取教学过程的各种反馈信息，大大提高教学质量监控的时效性。

（四）实施教学质量监控，必须实施全员全面管理

学校层级管理是指学校各级常设职能部门的岗位责任管理。在高等学校中，从管理层次分为校级、处级、科级和一般干部和职工；从职能分为行政

管理部门、党务管理部门、教学管理部门、学生管理部门、科研管理部门、教学业务院系（部）、教辅部门和后勤管理部门。应当明确而且必须强调的是，尽管学校各个岗位分别有不同的岗位职责，但教学是学校的中心工作，除了直接从事教学工作的教师和教学管理人员负有教学质量监控的责任以外，学校其他岗位的行政管理人员和教辅人员，同样负有支持、配合教学质量监控工作的责任，从而使学校所有人员在不同的层面、不同的岗位上共同发挥教学质量监控的职能，真正做到齐抓共管，全员管理。

（五）实施教学质量监控，要体现因材施教，因管理对象差异施管

高校的招生由于生源的区域不同、城乡不同、接受的教育水平不同、独生子女等多方面的差异，加之学校的办学条件不同、师资力量不同、教学环境不同、高校所处的地理位置不同等方面的不平衡，导致教学对象的认知水平，包括学生接受新知识的知识准备水平和接受教师教学管理的自觉水平有一定差异。在教学双方关系中，教师是主导，学生是主体，教师对教学过程的干预调控措施，必须通过学生认知的内化，才能达到教师对教学过程干预调控的预期目的，收到提高教学质量的效果。因此，教师必须了解学生，才能分析和掌握学生可控与不可控的方面，平时就应当注意创设调控的条件，在实施教学质量监控的时候才能适时提出适当的要求，采取适当的办法，改善学生的学习态度、学习方法、学习习惯、学习心理以及学习环境，从而使教学质量可调可控，向着教师期待的方向发展。实现培养目标与培养效果的达成度，培养目标和社会需求的适应度，教学质量保障体系运行的有效度，最终实现学生和社会用人单位的满意度。

第三节　教学督导与监控的相关理论

一、目标统一性原理

目标统一性原理是指在组织结构的设计和组织形式的选择必须有利于组织目标的实现。任何一个组织，都是由它的特定的目标决定的，组织中的每一部分应该都与既定的目标有关系，否则它就没有存在的意义。这一原理要求在组织结构设计中要以事为中心，因事设机构、岗位职务，做到人与事高度配合。

高等院校几乎都设有教学督导机构，这主要取决于人才培养、科学研究、社会服务、文化传承创新是我国新时期高等教育的四大功能。对大学来说，人才培养是核心，科学研究是做好人才培养工作的前提条件，人才培养是服务社会、传承和创新文化的直接表现。要实现高校的核心目标，没有良好的教学秩序不行，师生没有良好的道德行为规范不行，培养不了高质量的人才不行，没有监督保障机制不行，没有落实保障机制的机构不行。

二、奖励与惩罚原理

奖励是在行为发生后为维持和增强其行为倾向给予的一种报酬。 惩罚是在某种行为发生后给予一定的具有减弱某种行为倾向的刺激，施加讨厌的刺激，以减低或遏止、消除不良的行为。

奖励与惩罚的形式。根据内容奖励可分为物质奖励和精神奖励。根据奖励的实施者划分为学校组织给出和拥有某些权力的个人给予的奖励。惩罚的形式按内容亦可分为物质惩罚和精神惩罚。没有奖惩就没有约束，就没有动力。

每一所高等学校在管理活动过程中，都会针对不同的对象、不同的事情，实施必要的奖励和惩罚。比如对教职工要评选优秀教师、先进工作者、师德标兵、优秀共产党员等，对学生要评优秀团员、优秀班干部、三好学生等，评选后有的发奖品或奖金等物质性奖励，有的发荣誉证书进行精神鼓励，予以宣传，以发挥其先进带头作用。对一些违背劳动纪律、出现教学事故、安全事故的职工，违纪的学生，给予必要的惩罚，以教育本人警示他人。教学督导人员要充分发挥其督导监控作用，对正反两方面的典型的人或事要善于发现，善于举荐或制止。

三、激励原理

为了特定目的而去影响人们的内在需要或动机，从而强化、引导或维持行为的过程。

需要是人们对某种事物或目标的渴求和欲望；动机是诱发、活跃、推动并引导行为指向目标的一种内在状态，常称为内在驱动力；激励的对象是人。

作为高校的管理者和教育者要充分考虑教师和学生的利益诉求，从而调动他们的积极性，使他们的行为发自内心，变被动为主动。高等学校除关注教师业务成长、思想动态和工作表现外，更要关注教师的各项切身的利益诉求。我们提倡教师讲奉献，但决不能教师一言利即“棒喝”，教师也是人，对维持生活和交往所需与大众一样地渴求。现行的分配体制还未能充分调动教师工作的积极性，人们往往对分内之事义不容辞，而对分外之事，并不积极。对学生的心理需求、学业需求及感情需求缺乏了解，许多高校忽视学生的主体地位，将主体地位的学生客体化，教学内容不能满足学生的个体化培养和需求，管理模式落后，忽视学生的价值追求和精神关怀，忽视学生创新意识和适应社会能力的培养。

四、人本原理

人本原理就是以人为本的原理。它要求人们在管理活动中坚持一切以人为核心，以人的权利为根本，强调人的主观能动性，力求实现人的全面、自由发展。其实质就是充分肯定人在管理活动中的主体地位和作用。同时，通过激励调动和发挥员工的积极性和创造性，引导员工去实现预定的目标。

大学教师和学生是学校主体，教师的参与是学校有效管理的关键；使教职员工和学生人性得到最完美的发展是现代教育管理的核心；为教职员工和学生的发展服务是教育管理的根本目的。保证学生成人和成才是高等学校的根本任务。要体现一切为了学生，为了学生的一切，为了一切学生的服务理念。高等学校的教学督导工作，任务在“督”，重点在“导”，要做到督与导相济。

五、控制原理

控制就是控制者（实施者）对控制对象（受控者）施加某种主动的影响，以保障控制对象所处状态的稳定性后促使事物从一种向另一种预期的转变。

从管理学的角度看，控制原理是根据组织的计划和事先规定的标准，监督检查各项活动及其结果，并根据偏差或调整行动或调整计划，使计划和实际相吻合，保证目标实现的行为。监控具有准确性、实时性、经济性、灵活性和通俗性等特点。

通过控制保证目标实现必不可少的活动；通过纠正偏差的行为与其他管理职能紧密地结合在一起；通过控制助力管理人员及时了解组织环境的变化并对环境变化做出迅速反应，确保组织安全；通过控制为进一步修改完善计划提供依据。

每所高等院校都有自己的五年发展规划，每年都有本校的党政工作要点，都会制定新一届学生的培养方案，都会有新的工作人员到岗，新的学生来到学校。通过高等学校教学督导监控机制的建立，学校需要建立顶层控制、部门控制、人员控制、保障控制、过程控制（包括计划期的前期控制、执行期的同期控制、结束期的总结控制）、考核控制、反馈控制。只有这样才能实现全过程的监督和控制，确保实现有效监控。

六、全面质量管理原理

全面质量管理，即 TQM（Total Quality Management）就是指一个组织以质量为中心，以全员参与为基础，目的在于通过顾客满意和本组织所有成员及社会受益而达到长期成功的管理途径。全面质量管理特点主要有：（1）全面性，指全面质量管理的对象是企业生产经营的全过程；（2）全员性，指全面质量管理要依靠全体职工；（3）预防性，指全面质量管理应具有高度的预防性；（4）服务性，主要表现在企业以自己的产品或劳务满足用户的需要，为用户服务；（5）科学性，质量管理必须科学化，必须更加自觉地利用现代科学技术和先进的科学管理方法。

党的十八大报告指出，教育要“坚持教育为社会主义现代化建设服务、为人民服务，把立德树人作为教育的根本任务，全面实施素质教育，培养德智体美全面发展的社会主义建设者和接班人，努力办好人民满意的教育。”高等学校培养人才的质量如何，直接关系到党的教育方针的落实，关系到中华民族伟大复兴中国梦的实现，关系到国家的未来。这就要求高等学校从上到下，全体教职工要人人关心教学，充分体现和保证教学的中心地位，实现全面管理，全员参与。人才质量培养期在学校，检验与使用期在社会，在学生毕业后所在的企事业单位，看是否能学以致用，能否发挥专业特长，很好地适应工作，并在实践中不断地总结经验，开创性地开展工作。另外高校的管理涉及知识分子多、青年学生多，在管理过程中要注意先进手段和科学方法的采用。

第三章 高等学校教学督导与监控信息的采集

第一节 教学督导数据信息采集的含义要求

按照现代科学管理的理论，宏观管理系统应由科学的决策系统、高效的执行系统、灵敏的信息系统、完备的咨询系统和严密的监督系统组成。教学督导监控质量保障体系作为高等学校进行管理和调控的重要工具，它同时具备信息、咨询和监督三种职能。

一、教学督导的信息采集

信息职能是指根据高等学校管理的需要，设计科学的指标体系和调查方法，系统地采集、处理、传递、存储和提供大量以数据描述为基本特征的教育管理信息。信息职能是高校教学督导最基本的职能。当今社会是一个信息社会，整个社会充斥着各种各样的信息，但大都是零乱而分散的。相比较而言，教学督导信息是有序的、系统的，它是根据一整套科学的指标体系，采用科学的调查方法，有组织、有目的地采集加工而成的。应用教学督导信息，可以对高校的教学管理、科研管理、学生管理、行政管理、资产管理情况进行系统地描述和分析，可以对学校的基本情况和状态，以及学校未来的发展趋势做到心中有“数”，从而做出科学的决策，进行有效的管理。

从认知过程来看，信息采集阶段是获得感性认识的阶段，它既是对现象总体认识的开始，也是进行资料整理和分析的基础和前提，担负着提供基础资料的任务，是整个管理工作的基础环节。只有搞好信息的采集，才能保证教学督导工作达到对客观事物规律性的认识，从而预测未来。我们可以这样认为，信息采集工作的质量，从根本上说，决定着决策的质量。

信息资料的种类主要有两种：一种是直接向学校各部门或师生员工搜集反映调查单位的信息资料，一般称为原始资料（original data）或初级资料；另一种是根据研究的目的，搜集已经加工整理过的、说明总体现象的资料，一般称为次级资料（secondary data）或第二手资料。

二、教学督导信息采集的基本要求

信息采集是为研究高校管理数量方面而收集占有资料。信息采集取得的资料质量正如生产产品的原材料质量一样，其质量高低将直接影响着以后各阶段最终成果的质量。因此，准确、及时、全面、系统地提供教育统计资料，是对整个信息采集的基本要求。

（一）准确性

准确性是指信息资料要客观地反映高等学校教学管理和过程的真实情况。准确性是认识社会的基本要求，是信息采集工作的生命。信息采集的资料应符合客观实际，要真实可靠。坚持实事求是指提供数字资料，不允许虚报、瞒报，更不允许伪造、篡改。甚至违背职业道德或学术道德做非诚信之事。调查人员搜集上报资料应有高度的责任感，提高自身的业务素质，保证资料准确无误。

（二）及时性

及时性是指教学督导要及时地提供信息资料，即完成搜集各项资料的时间要求。因为教学督导只是高等学校教学管理工作的一部分，信息资料还需进行整理和分析。教学督导检查特别是涉及全校范围内的需要二级单位和师生共同完成。如果教学督导检查不能及时提供资料，就会影响以后的整理和分析。信息采集是时效性很强的工作，信息资料提供的不及时，就不能充分发挥教学督导资料的作用。要做到“雪中送炭”，切忌“时过境迁”。

（三）全面性

全面性是指按照教学管理的要求和规定，对要被检查督导的单位和项目的资料毫无遗漏地进行搜集。如果调查资料残缺不全，就不能反映被调查事物的全貌，会出现以点带面，片面主观的弊病，如教师评教，有的参与了，有的没参与，为后期的比较和使用带来麻烦，从而给以后整理和分析带来困难，这将直接影响教育统计工作的进程和质量。

（四）系统性

系统性是指搜集的信息资料要符合事物的逻辑，有条理，不能杂乱无章，即所提供的信息资料，应该是便于整理、便于汇总的资料。此外，信息资料还要注意简便和经济。简便是指信息资料应根据需要避繁就简、通俗易懂、简捷设计、方便操作，最大限度地发挥调查主客体的主观能动作用。经济是指信息资料的采集应节省投入，注重效益。在保证管理任务完成的前提下根据客观实际需要，尽量节省开支，减少调查费用。

第二节　教学督导信息采集方案的制订

一、明确信息采集目的和任务

督导信息采集是为提高教学质量和教学管理和决策分析研究提供资料，提供什么样的资料是由客观需求决定的，这种需求正是我们制定信息采集方案首先要解决的问题。所以，明确信息采集目的和任务是设计方案的首要问题。信息采集的目的是指一次调查想要得到的结果，信息采集目的决定采集方案的具体内容。解决问题目的不同，采集的内容和取得资料的方法以及资料的详略程度也不一样。例如，学生评教主要是了解老师的敬业精神、教学水平、对学生的关爱程度、是否符合教学规程规范等；而教师评学主要是了解学生的班风、学风、考风和学习的目的性及刻苦性。信息采集的目的和任务在采集方案形成文字之前，就必须加以确定，随后进行初步探索，然后确定采集方案的其他内容。

二、确定信息采集的对象和采集单位

有了明确的信息采集目的，就可以确定采集对象。采集对象是由调查搜集资料的性质相同的许多单位组成的整体，即被检查督导的总体。采集方案要明确定义信息采集对象，这包括信息采集对象由哪些单位组成；这些单位应该在哪些项目上具有相同的表现；对某些不易确定界限的情况做出特别的规定等等。例如，教师分不同的年龄、职称、学科专业等；课程分理论课、实践课、公共课、专业课等；学生从层次可分研究生、本科生、专科生，分普招、对口升学、专升本等。确定信息采集对象的意义在于明确采集的范围和界限。确定采集单位的意义在于明确向谁采集、采集谁的资料、由谁提供资料等。

三、确定调查项目和调查表

（一）调查项目

教学督导信息采集必须确定具体的采集项目。采集项目就是采集内容，是依附于采集单位的基本项目。它完全由采集目的、任务和采集对象的性质特点所决定，包括由属性项目和数量项目所构成的内容体系。如对学生采集的项目有姓名、性别、年龄、专业、班级等；对教师则有姓名、职称、所在院系、承担的教学任务、完成工作量、主持的课题、撰写的论文等。

采集项目的确定，以采集目的、任务为依据，要注意以下三个问题：

（1）所选择的项目必须是能够取得确切资料的，并为汇总整理和分析提供条件。对于不必要或者虽然需要但没有可能取得资料的项目，应该加以限制，以便获得虽然数量不多却无疑是可靠的材料。从教育统计汇总整理方案上看，主要包括两个方面：一是对总体如何分组，为此要设计分组体系选择分组标志；二是用哪些指标来说明总体。因此分组标志和指标是确定调查标志的依据。

（2）采集的每一个项目应该有确切的涵义和统一的解释，以免采集人员或被调查者按照各自不同的理解进行问答，使调查结果无法汇总。

（3）各个采集项目之间尽可能做到互相联系、彼此衔接，以便从整体上了解现象的相互联系，也便于有关项目相互核对，提高采集资料的质量。另外，还要注意现行的调查项目同过去同类信息项目之间的衔接，便于动态对比，研究现象的发展变化。

（二）信息采集表

信息采集的项目确定之后，就要设计信息采集表。采集表是把采集项目适当加以编排，以表格的形式表现出来。

（1）信息表的组成。信息表一般由表头、表体、表脚三部分组成。

表头，一般有三项内容：表名即采集表的名称，表名力求简明；报告单位的名称、地址及隶属关系；表号，指制发表单位机构、备案文号。

表体，是信息表主体部分，它把所有采集项目合理地排列在表格里就形成表体。每个采集项目都是两部分组成：采集项目的名称和项目的具体表现。

表脚，注明采集者和填报人的姓名、填报时间等。

（2）调查表的形式。调查表格一般有单一表和一览表两种形式。单一表是每个被采集单位填写一份，可以容纳较多的项目。一个问题的采集不限于只使用一张表，可以视采集项目内容的多少，由若干张组成。如学生信息卡片、学籍卡片。一览表是把许多调查单位填列在一张表上，如：学生课程成绩单。在调查项目不多时较为简单，且便于合计和核对差错。但在项目很多的情况下，一览表并不适用，会产生调查表篇幅过大的麻烦。另外，调查表设计以后，需要编写填表说明和指标解释，这是采集方案中非常重要的一个内容。填表说明是用来提示填表时应该注意的事项。指标解释是一种习惯的说法，准确地说是标志的解释，它说明每个采集项目的涵义、范围和计算方法。

四、确定采集时间和采集期限

信息采集应规定采集时间和采集期限。采集时间是指信息资料所属的时间，如年底学生人数和本年休学学生人数。明确规定采集的时期或时点，是保证信息资料准确性的重要条件，所谓时期现象的数量，是指该数量反映现象发展过程的总量，如休学人数、学生的月消费等。所谓时点现象的数量，是指该数量反映现象在某个时点上所达到的水平，如年末年初人数、拥有资产数等。如果所要采集的资料是某一时期的总量，就要规定资料所反映的是被采集单位从何时起到何时止的数量；如果调查资料是某一时点上的水平，就要规定统一的标准时点。

五、制订信息采集工作的组织实施计划

在信息采集方案中，还必须研究确定信息采集的组织工作计划。严密细致的组织工作，是信息采集顺利进行的保证。信息采集特别是大型采集组织计划主要包括下列内容：

（1）建立信息采集工作的领导机构和采集人员组织，做好采集人员的分工。

（2）做好信息采集前的准备工作，包括宣传教育、人员培训、文件资料的准备、采集方案的传达和布置、经费预算和开支办法等。

（3）制定采集工作程序和进度安排及检查、监督办法。

（4）采集成果的公布时间及采集工作完成后的工作总结等。

第三节　教学督导信息采集的方法

信息采集的方式方法有许多种，彼此之间没有好坏优劣之分，判别标准主要是看是否适合被调查对象的信息采集，能否完成既定的目标和任务，取得可用的信息资料。

一、信息采集的方式

（1）按被采集对象包括的范围划分为全面采集和非全面采集。全面采集

是对构成采集对象总体的所有单位一一进行登记或观察的一种调查方法，如新生入学体检、学生评教、学生参加的期末考试。非全面采集是对构成采集对象总体的一部分单位进行登记调查，如抽查作业、教学督导随机听课等。主要方式有抽样调查、重点调查和典型调查都是非全面信息采集。

（2）按信息采集组织形式的不同，可分为信息报表和专门采集。信息报表是国家和各业务部门为了定期取得系统、全面的基本信息资料，按一定的表式和要求，自上而下地统一布置，自下而上地逐级提供基本信息资料的一种信息采集方式。专门采集则是为了了解和研究某种情况或某项专门问题而专门组织的信息采集，这种调查属一次性采集。包括全面采集、重点采集、典型采集和抽样采集等具体方式。

二、信息采集的方法或手段

（一）实地观察法

实地观察法也称直接观察法，是由信息采集人员亲自深入现场，对采集观察对象利用视觉、听觉或感觉器官直接进行观察、检验、测量、计数，以取得所需要的第一手信息资料的一种调查方法，如高校督导工作中的听课、看课、检查实习等活动。直接观察法取得的资料，具有较高的可靠性和直观性。尽量避免对现象的观察和认识上的主观性、偶然性和表面性。实地观察法需要大量的人力、物力、财力和时间，因此应用受到很大的限制。

实地观察法的观察是信息采集者有目的、有计划、自觉的、科学的人事活动，与随意的观光浏览不同。实地观察法不仅可以利用信息采集者的感觉器官，还可以利用仪器设备，如录像、录音设备等。一般要求被观察对象是在一种自然的状态下进行，特别强调观察结果的客观性和可检验性。在实地观察法的过程中，要做好观察记录。可采用同步记录、事后追记或卡片记录的方式。

（二）访问法

访问法，又称访谈法是由信息采集人员向被调查者提出所要了解的问题，通过面对面的交谈方式，根据被调查者的答复来取得信息资料的一种信息采集方法。这种方法可进一步分为个别询问和开调查会两种方法。个别询问就是由信息采集人员向被调查者逐一采访询问，以取得教育统计资料的方法。具体做法：可以是口头询问，当面填答；也可以是调查人员把信息采集调查表交给被调查者，向被调查者说明填表的要求和方法，并对有关注意事项加以解释，由被调查者按实际情况一一填写，填好后交调查人员审核收回。这种方法可以了解被调查者的真实想法，不受他人影响。开调查会，也叫集体访谈法，是召集了解情况的有关人员，以座谈会形式对被调查的问题展开讨论和分析，以取得教育统计资料的方法。这种方法，由于参加人员较多，会议时间有限，因此会前一定要认真做好准备，要明确会议的主题，否则很难取得好的效果。如学校经常进行的教师座谈会、学生座谈会等。

采访调查法由于调查者和被调查者直接见面，对问题逐项询问研究，因此获得的信息具有一定的广泛性，研究问题深入，信息采集可靠，调查方式灵活。作为信息的采集者一定注意访问的目的是为了了解情况不是为了表达宣传，不能人为对被调查者进行诱导或帮助被调查者进行价值判断，注意提问的方式和语言，适时把握好发问、追问、插话，恰当形体语言的使用。

（三）专家调查法

专家调查法是指组织高等教育管理或企事业单位从事相关专业的专家，运用专业方面的知识和经验，对调查对象的过去、现状及发展趋势等进行研究，从而对调查对象未来的整体发展趋势和状况做出科学的判断。专家调查法的使用形式多样，在此主要介绍德尔菲法和头脑风暴法。

（1）德尔菲法

德尔菲法（Delphi）的名称来源于古希腊的一则神话。德尔菲是古希腊的一个地名，相传太阳神阿波罗（Apollo）在德尔菲杀死了一条巨蟒，成了德尔菲主人。在德尔菲有一座阿波罗神殿，是众神占卜未来的地方。

德尔菲法是专家调查法中很重要的一种方法，它是根据经过调查得到的情况，凭借专家的知识和经验，直接或经过简单的推算，对研究对象进行综合分析研究，寻求其特性和发展规律，并进行预测的一种方法。

它的最大优点是简便直观，无需建立繁琐的数学模型，而且在缺乏足够教育统计数据和没有类似历史事件可借鉴的情况下，也能对研究对象的未知或未来的状态作出有效的预测。

德尔菲法主要有以下五个方面的用途：对达到某一目标的条件、途径、手段及它们的相对重要程度作出估计；对未来事件实现的时间作出概率估计；对某一方案（技术、产品等）在总体方案中所占的最佳比重作出概率估计；对研究对象的动向和在未来某个时间所能达到的状况、性能等作出估计；对方案（技术、产品等）作出评价或对若干个备选方案（技术、产品等）评价出相对名次，选出最优者。

德尔菲法有如下三个主要特点：匿名性、反馈性、教育统计性。

匿名性：从事预测的专家彼此互不知道其他有哪些人参加预测，他们是在完全匿名的情况下交流思想的。德尔菲法采取匿名的发函调查的形式，它克服了专家会议调查法易受权威影响，易受会议潮流、气氛影响和其他心理影响的缺点。专家们可以不受任何干扰地独立对调查表所提问题发表自己的意见，而且有充分的时间思考和进行调查研究、查阅资料。匿名性保证了专家意见的充分性和可靠性。

反馈性：由于德尔菲法采用匿名形式，专家之间互不接触，仅靠一轮调查，专家意见往往比较分散，不易作出结论，为了使受邀的专家们能够了解每一轮咨询的汇总情况和其他专家的意见，组织者要对每一轮咨询的结果进行整理、分析、综合，并在下一轮咨询中反馈给每个受邀专家，以便专家们根据新的调查表进一步地发表意见。

教育统计性：在应用德尔菲法进行信息分析与预测研究时，对研究课题的评价或预测既不是由信息分析研究人员给出的，也不是由个别专家给出的，而是由一批有关的专家给出的，并对诸多专家的回答必须进行教育统计学处理。所以，应用德尔菲法所得的结果带有教育统计学的特征，往往以概率的形式出现，它既反映了专家意见的集中程度，又反映了专家意见的离散程度。

专家的任务是对预测课题提出正确的意见和有价值的判断。专家的选择是否恰当直接关系到德尔菲法应用的成败。选择专家应注意以下原则：专家的代表面应广泛；专家的权威程度要高；专家应有足够的时间和耐心填写调查表。经典的德尔菲法要进行四轮征询，其间还包含着大量的信息反馈，因此，要求受邀的专家应有足够的时间和耐心接受征询，专家的范围应有所限制。专家的人数一般控制在 15 ～ 50 人。人数太少了缺乏代表性，起不到集思广益的作用；人数太多了难以组织，意见难集中、专家意见的处理复杂。

（2）头脑风暴法

头脑风暴法是由美国BBDO广告公司的奥斯本首创，该方法主要由价值工程工作小组人员在正常融洽和不受任何限制的气氛中以会议形式进行讨论、座谈，打破常规，积极思考，畅所欲言，充分发表看法。所谓头脑风暴（Brain-storming）最早是精神病理学上的用语，指对精神病患者的精神错乱状态而言的，如今转为无限制的自由联想和讨论，其目的在于产生新观念或激发创新设想。

个人头脑风暴法，是指对未来信息的获取是根据专家个人的创造性逻辑思维活动而实现的，其对预测对象的发展趋势和状况的判断，体现的是专家个人的智能。此法的最大特点是能够最大限度地发挥专家个人的职能，充分利用个人的创造力。被征求意见的专家不受外界环境的影响，没有心理上的压力。但受到专家自身知识的深度和广度的限制，难免出现片面性。

集体头脑风暴法，是指在组织群体决策时，要集中有关专家召开专题会议，主持者以明确的方式向所有参与者阐明问题，说明会议的规则，尽力创造融洽轻松的会议气氛。一般不发表意见，以免影响会议的自由气氛，由专家们“自由”提出尽可能多的方案。

头脑风暴何以能激发创新思维？根据亚历克斯•奥斯本（Alex Faickney Osborn）本人及其他研究者的看法，主要有以下几点：（1）联想反应，联想是产生新观念的基本过程。在集体讨论问题的过程中，每提出一个新的观念，都能引发他人的联想，相继产生一连串的新观念，产生连锁反应，形成新观念堆，为创造性地解决问题提供了更多的可能性。（2）热情感染，在不受任何限制的情况下，集体讨论问题能激发人的热情。人人自由发言、相互影响、相互感染，能形成热潮，突破固有观念的束缚，最大限度地发挥创造性地思维能力。（3）竞争意识，在有竞争意识的情况下，人人争先恐后，竞相发言，不断地开动思维机器，力求有独到见解、新奇观念。心理学的原理告诉我们，人类有争强好胜心理，在有竞争意识的情况下，人的心理活动效率可增加50%或更多。（4）个人欲望，在集体讨论解决问题过程中，个人的欲望自由，不受任何干扰和控制，是非常重要的。头脑风暴法有一条原则，不得批评仓促的发言，甚至不许有任何怀疑的表情、动作、神色。这就能使每个人畅所欲言，提出大量的新观念。

头脑风暴法会议原则。为使与会者畅所欲言，互相启发和激励，达到较高效率，必须严格遵守下列原则：（1）禁止批评和评论，也不要自谦。对别人提出的任何想法都不能批判、不得阻拦。即使自己认为是幼稚的、错误的，甚至是荒诞离奇的设想，亦不得予以驳斥；同时也不允许自我批判，在心理上调动每一个与会者的积极性，彻底防止出现一些“扼杀性语句”和“自我扼杀语句”。诸如“这根本行不通”“你这想法太陈旧了”“这是不可能的”“这不符合某某定律”以及“我提一个不成熟的看法”“我有一个不一定行得通的想法”等语句，禁止在会议上出现。只有这样，与会者才可能在充分放松的心境下，在别人设想的激励下，集中全部精力开拓自己的思路。（2）目标集中，追求设想数量，越多越好。在智力激励法实施会上，只强制大家提设想，越多越好。会议以谋取设想的数量为目标，鼓励巧妙地利用和改善他人的设想，这是激励的关键所在。每个与会者都要从他人的设想中激励自己，从中得到启示，或补充他人的设想，或将他人的若干设想综合起来提出新的设想等。（3）与会人员一律平等，各种设想全部记录下来。与会人员，不论是该方面的专家、员工，还是其他领域的学者，以及该领域的外行，一律平等；各种设想，不论大小，甚至是最荒诞的设想，记录人员也要认真地将其完整地记录下来。（4）主张独立思考，不允许私下交谈，以免干扰别人思维。提倡自由发言，畅所欲言，任意思考。会议提倡自由奔放、随便思考、任意想象、尽量发挥，主意越新、越怪越好，因为它能启发人推导出好的观念。（5）不强调个人的成绩，应以小组的整体利益为重，注意和理解别人的贡献，人人创造民主环境，不以多数人的意见阻碍个人新的观点的产生，激发个人追求更多更好的主意。

（四）问卷调查法

问卷法是目前国内外社会调查中较为广泛使用的一种方法。问卷是指为教育统计和调查所用的、以设问的方式表述问题的表格。问卷法就是研究者用这种控制式的测量对所研究的问题进行度量，从而搜集到可靠的资料的一种方法。问卷调查按传递方式不同又可分为报刊问卷、邮政问卷、送发问卷、访问问卷、自填问卷、代填问卷、网络问卷等。

问卷调查是一种特殊的调查，它不要求被调查者签署真实的姓名，这样，可以减轻被调查者的心理压力，回答问题自然坦白，从而保证调查结果符合客观实际情况，此类调查适合对意识形态或个人隐私方面问题的调查。问卷是将需要询问了解的项目内容用书面文字的问答形式设计成题目，要求被调查者根据所提出的问题完成答卷，再经综合整理和分析，以形成对调查对象总体的认识。在科学技术日益进步、文化教育日益发达的现代社会，问卷调查法具有广泛的用途和重要的作用。采用这种方式的前提，是被调查者要具有填写表格的能力，也就是说要具有一定的文化素质。

问卷的一般结构。问卷一般由问卷题目、卷首语、问题与回答方式、编码和其他资料五个部分组成。

问卷题目。一份考虑周全的调查问卷应包括一个能够反映调查对象，概括调查内容的题目。

卷首语（引言）。它是问卷调查的自我介绍部分。卷首语的内容应该包括：调查的目的、意义和主要内容，选择被调查者的途径和方法，对被调查者的希望和要求，填写问卷的说明，回复问卷的方式和时间，调查的匿名和保密原则以及调查者的名称等。为了能引起被调查者的重视和兴趣，争取他们的合作和支持，卷首语的语气要谦虚、诚恳、平易近人，文字要简明、通俗、有可读性。卷首语一般放在问卷第一页的上面，也可单独作为一封信放在问卷的前面。

问题和回答方式。它是问卷的主要组成部分，一般包括调查询问的问题、回答问题的方式以及对回答方式的指导和说明等。问题的形式主要包括封闭式问题和开放式问题和半封闭半开放式问题三大类，具体为：填空题、单项选择题、两项选择题、多项选择题、顺序填答题、等级填答题、矩阵试题、开放性问题和半闭半开问题等。从问题的内容看，应包括背景问题、行为问题、主观问题、检验性问题、筛选性问题等。

编码。所谓编码，就是对每一份问卷、问卷中的每一个问题和每一个答案都编定一个唯一的代码，并以此为依据对问卷进行数据处理。

其他资料。包括问卷名称、被访问者的地址或单位（可以是编号）、访问员姓名、访问开始时间和结束时间、访问完成情况、审核员姓名和审核意见等。这些资料是对问卷进行审核和分析的重要依据。

此外，有的自填式问卷还有一个结束语。结束语可以是简短的几句话，对被调查者的合作表示真诚感谢，也可稍长一点，顺便征询一下对问卷设计和问卷调查的看法。

（五）报告法

报告法又称通信法，是由报告单位利用各种原始记录、资料台账等基础核算资料，按照信息报表统一的要求和表格形式，依据隶属关系逐级向有关部门提供教育统计资料的一种方法。这种方法可以同时进行大量的调查，特点是具有统一的项目、统一的表式、统一的要求、统一的上报程序。如果填报单位的记录和核算工作健全，可以保证提供资料的可靠性。根据报告时间的要求不同，可以采用如邮寄、电报、电话、传真、计算机网络传输等不同的通信手段，向有关部门报告，也可以直接送报。

第四节　抽样调查法

社会经济调查中调查的方式主要有普通调查、重点调查、典型调查、统计报表和抽样调查。但实际工作中，抽样调查使用的越来越广泛。在高等学校评估对教师或学生的座谈会参会人员的选取、论文及试卷的检查、实验室安全的检查、听课检查、教学督导检查等经常采用抽样调查。所以下面重点介绍抽样调查的部分理论和方法。

一、抽样调查的概念和特点

（一）抽样调查的概念

抽样调查是一种非全面调查，它是从所研究的客观现象的总体中，按照随机原则抽取一部分单位进行调查，并依据这部分单位的资料来推断总体数量特征的一种方法。

（二）抽样调查的特点

（1）按随机原则抽取样本。按随机原则抽取样本单位是抽样调查的前提。

随机原则（random principle）就是总体中样本单位的中选与不中选不受任何主观因素的影响，保证每一个单位都有相等的中选机会的原则。

（2）用样本指标推算总体指标。抽样调查是一种非全面调查，但调查的目的却不在于了解部分单位的情况，它只是作为进一步推断的手段，目的在于要认识总体的数量特征。抽样调查资料如果不进行抽样推断，这种资料就不会有什么价值。

（3）抽样误差可以事先计算并加以控制。对总体进行推断时要运用概率论的理论，在一定概率保证的要求下（即把握程度或可靠性）计算和控制抽样误差的范围。根据样本指标推断的总体指标数值，不可能完全符合总体指标的实际数值，误差是难免的，不可“消灭”的。但这种抽样误差，我们是可以事先用科学方法计算和控制的，这样就可以提高抽样推断结果的准确性和科学性。

（三）抽样调查的作用

一般来说，抽样调查的作用主要表现在以下几个方面：

（1）用于不可能进行全面调查的无限总体。对于无限总体，统计上无法进行全面调查了解，只有借助于抽样调查的方法来认识总体的数量特征。

（2）用于不可能进行全面调查而需要了解全面情况的现象。许多产品的例行质量检验带有破坏性或消耗性。这些总体都无法进行全面调查，只能进行抽样调查。

（3）用于不必要进行全面调查的现象。对于这类现象，虽然可以进行全面调查，但需要花费大量的人力、物力、财力和时间。若采用抽样调查，可以达到事半功倍的效果。

（4）用于全面调查的资料进行评价与修正。普查进行复查时，不能再进行一次全面普查来验证它的准确性，只有在原有普查的基础上，按一定比例抽查进行复查。用抽样调查的资料，计算人口普查的差错率，再根据这个比例去修正普查资料。从而保证普查资料的质量，使调查资料更为准确，更接近于实际的数值。

（5）用于工业生产过程的质量控制。在大批量生产过程中，用抽样方法可以检查生产过程的进行是否正常，及时提供有关资料，分析各种可能的原因，以便采取措施，排除故障，使生产过程保持正常，防止大量废品的产生，从而起到对生产过程进行质量控制的作用。

（四）抽样调查中的几个基本概念

在学习抽样推断方法的过程中，常会遇到一些名词、术语，因此首先要明确抽样调查推断过程中常用的几个基本概念：

（1）全及总体和样本总体。1）全及总体（parent population）。全及总体简称总体或母体，它是指所要研究的对象的全体。全及总体是样本所赖以抽取的母体，对于某一具体问题来说，全及总体是唯一确定的。2）样本总体（sample population）。样本总体简称样本或子样，它是指从全及总体中按照随机原则抽取的那部分单位所构成的总体。样本的单位数称为样本容量，在抽样调查中，样本单位数要有一定的数量才能保证抽样资料的准确性。样本有大样本和小样本之分。通常是把样本容量在 30 个及以上的称作大样本（large sample），而把样本容量在 30 个以下的称为小样本（small sample）。在统计实践中多采用大样本。

（2）全及指标和样本指标。1）全及指标是指根据全及总体而计算的统计指标。在抽样调查中，全及指标是一个唯一确定的量，但它的数值要推算才能得到。如果已知全及指标，就不必进行抽样调查了。2）样本指标，是指根据所抽取的样本计算出的统计指标。

（3）重复抽样和不重复抽样。从抽样的方法来看，抽样分为重复抽样和不重复抽样两种。1）重复抽样（replicated sampling）也称回置抽样。它是这样安排的，要从总体 N 个单位中随机抽取一个容量为 n 的样本，每次从总体中抽取一个单位，并把它看作一次试验，连续进行 n 次试验构成一个样本。每次抽出一个单位，把结果登记下来，再重新放回，参加下次抽选。因此，每个单位中选的机会在各次试验中都完全相等。2）不重复抽样（non-repeated sampling）也称不回置抽样。它是这样安排的，要从全及总体 N 个单位中抽取一个容量为 n 的样本，每次从总体中抽取一个单位，连续进行 n 次抽取构成一个样本，但每次抽出一个单位就不再放回总体参加下一次的抽选。因而不重复抽样的样本由 n 次连续抽取的结果构成，连续 n 次抽选的结果不是相互独立的，每次抽取的结果都影响下一次抽取，每抽一次总体单位数就减少一个，因此每个单位中选机会在各次中是不相同的。重复抽样与不重复抽样除了每一个总体单位的中选概率有差别之外，可能组成的样本个数（number of samples）也是不同的。在同一个总体中，在相同样本容量的要求下，重复抽样的样本个数总是大于不重复抽样的样本个数。

二、抽样误差

（一）抽样误差的概念

抽样误差是指由于随机抽样的偶然因素，使样本各单位的结构不足以代表总体各单位的结构，从而引起样本指标和全及指标之间的绝对离差。由于样本总体单位数只是全及总体单位数的一小部分，因此，样本指标值一般来说不可能完全等于总体指标值，而是存在一定的差异。

（二）调查误差的种类

在抽样调查过程中，会发生调查误差。调查误差是指调查所获得的统计数据与调查总体真实数据之间的差别，它包括登记性误差和代表性误差两种。登记性误差（clerical error）是在调查过程中由于主客观原因而引起的登记性差错所造成的误差。例如，由于测量、记录、计算所造成的差错，由于被调查者所报材料不实或调查者有意虚报、瞒报资料所造成的差错等，这类误差可以通过搞好调查的宣传组织工作、不断提高调查人员素质、采用先进的计算技术等措施可以加以解决。代表性误差（representative error）是用样本指标数值去推算总体指标数值时，由于样本各单位的结构不足以代表总体特征所产生的误差。这类误差又可分为两种：一种是由于没有遵守随机原则而造成的误差，通常称为系统性误差（system error）或偏差。例如，调查者有意挑选较好或较差的单位作为样本；另一种误差就是在抽样过程中，严格按照随机原则用样本指标代替全及总体指标所引起的误差，这种误差称为随机误差（random error），又称抽样误差。可见，只要遵循随机原则，系统性误差是可以消除的。但是，用样本指标推算总体指标，两者之间总是会有差距的，所以抽样误差是抽样调查本身所固有的误差，它不可避免，也无法消除，但却是可以控制的。

（三）影响抽样误差的因素

（1）样本单位数。在其他条件不变的情况下，抽取样本单位数越多，抽样误差就越小；抽取样本单位数越少，抽样误差就越大。当抽取的样本单位数大到等于全及总体单位数时，就不是抽样调查了，而是全面调查了，那么，抽样误差也就不存在了，即等于零。

（2）总体标志的变异程度。在其他条件不变的情况下，所研究总体的标志变异程度越大，说明总体各单位标志值之间的差异越大，这样抽样误差就越大；反之，若总体被研究标志变异程度越小，则抽样误差也越小。可以这样设想，如果总体各单位的标志值没有差异，样本指标与全及指标相等，抽样误差就不存在了，也就不用推断了。

（3）抽样的组织形式和抽样方法。采取不同的抽样组织形式，所抽出的样本对总体的代表性也不相同，因此抽样组织形式影响抽样误差的大小。抽样方法有重复抽样和不重复抽样，在其他条件不变的情况下，不重复抽样的抽样误差一般小于重复抽样的抽样误差，这是因为不重复抽样避免了总体单位的重复中选，因而更能反映总体的结构。但在实际工作中，当全及总体单位数很大，而样本单位数相对却很小时，它们之间的差别是微不足道的。

三、抽样调查的组织形式

（一）纯随机抽样（purely random sampling）

纯随机抽样又称简单随机抽样。它是对总体所有单位在抽取样本前不进行任何分组、排队，完全按纯随机原则抽取一定单位进行调查的抽样组织形式。抽样的原理是以纯随机抽样为基础阐述的，它是最简单又最基本的抽样组织形式，是设计其他复杂抽样组织形式的基础，纯随机抽样适用于总体各部分都具有相同的分布且单位数较少的情况。纯随机抽样抽取样本单位的具体做法有以下几种：

（1）直接抽样法。就是直接从调查对象中随机抽取样本单位。如若干论文中任意抽取部分学生的论文进行检查。

（2）抽签法。就是先给总体单位编号后，把号码写在结构均匀的签上，将签混合均匀后即可以从中抽取，签上的号码就是抽取的样本单位，直到抽够数目为止。采用这种方法简便易行，然而对较大的总体来说，编号作签的工作量很大，且混匀有困难。因此，这种方法的应用有一定的局限性。

（3）随机数字表法。随机数字表（random number table）也称乱数表，是从 0 到 9 这十个数码随机排列组成的多位数字表。使用此表取样时，首先将总体的全部单位编号，根据编号的最大位数确定将要使用随机数字表的列数，然后从表中任意一列，任意一行开始，由纵向或横向画线取数，遇到属于总体单位编号范围内的数字就确定为样本单位，超过编号范围的数字就去掉，然后继续往下找，如果要求不重复抽样时，遇到重复出现的数字就弃之，直到取足要求的单位数为止。

（二）类型抽样（classified sampling）

类型抽样又称分类抽样或分层抽样。它是先把全及总体按有关标志进行分组（或分类），然后在各组中按照随机原则抽取样本的抽样组织形式。类型抽样通过分组，把总体中标志值比较接近的单位归为一组，使各单位的分布比较均匀，并且保证每组有同等被抽选的机会，从而使样本的结构趋近于总体的结构，提高所选样本的代表性，可以取得良好的抽样效果。类型抽样的样本单位数在各类型之间的分配有三种方法：

（1）等数分配类型抽样法。它是在各类型中分配同等样本单位数的方法，这种方法只在各类型的总体单位数相等或差异不大时才使用。

（2）等比例类型抽样法。它是按照类型的大小以相等的比例分配样本的方法。由于是按有关的主要标志分类（或分组），各组的单位数一般不同。类型抽样通常是按各组总体单位数占全及总体单位数的一定比例来抽取样本，单位数较多的组应该多取样，单位数较少的则少取样，保持各组样本单位数与样本总容量之比等于各组总体单位数与全及总体单位数之比。采用等比例抽样是为了使样本的结构接近总体的结构，避免样本平均数由于各组比重差异而引起的误差。由于等比例类型抽样法对样本单位的分配比较合理，在实际工作中应用较多。

（3）不等比例类型抽样法。它是在各类型中按不同的比例分配样本单位的方法，也称最优分配法。各类型的样本单位数，可以采用等数或等比例的方法分配。但是如果各类型组的单位数相差悬殊或标志变异程度相差较大，上述两种样本分配方法的抽样效果就差些。此时宜采用不等比例类型抽样抽取样本，即标志变异程度大或单位数多的组其抽样比例可高一些，多抽一些单位；标志变异程度小或单位数少的组其抽样比例可低一些，少抽一些单位。分类抽样的样本，是采取分组和随机抽样相结合而形成的，具有较好的代表性，抽样推断的效果比较理想，这种方法在实践中也是应用比较广泛的一种方法。

（三）等距抽样（patterned sampling）

等距抽样也称机械抽样或系统抽样。它是将总体各单位按某一标志顺序排列，然后按固定顺序和相等距离（或间隔）抽取样本单位的抽样组织形式。作为总体各单位顺序排列的标志，可以是无关标志，也可以是有关标志。

（1）按无关标志排队的等距抽样。它是指排列的标志与单位标志值的大小无关或不起主要影响作用。如时间、地理位置、门牌号码、姓氏笔画标志等等。在按无关标志排队时，等距抽样的第一个样本单位的抽取，可以从第一个间隔内的任意一个单位开始抽取。

（2）按有关标志排队的等距抽样。它是指作为排队顺序的标志与单位标志值的大小有密切关系。如学生的消费水平调查按家庭经济状况排队。按有关标志排队，实质上是运用类型抽样的一些特点，有利于提高样本的代表性。在按有关标志排队时，考虑到样本单位的代表性，一般是先从第一间隔内居中的单位开始抽取，为了增强抽样调查的代表性，可用对称等距抽样的方法：先在第一间隔段随机抽第一个单位，然后，在第二间隔段与第一个单位对称抽第二个单位，依此类推。

（四）整群抽样（cluster sampling）

整群抽样也称集团抽样、区域抽样或分群随机抽样。它是将总体各单位划分成若干群，然后按纯随机抽样或机械抽样形式从中抽取部分群，对所抽出群的所有单位进行全面调查的抽样组织形式。整群抽样的群的划分要满足两个条件：一是群与群之间没有单位重叠；二是总体中每一个单位都必须属于某一个群，即使总体单位无遗漏。一般说来，群的划分多是自然形成的，也有人为划分的。整群抽样的优点是易于组织且较节省调查费用，缺点是调查的总体单位过于集中在少数样本群中。因此，在条件相同的情况下，整群抽样的样本代表性较低，通常要用扩大样本群的数目来弥补这个缺点。

（五）多阶段抽样（nested sampling）

多阶段抽样又称多级抽样。在抽取样本时，如果直接从总体中通过一次抽样就能取得一个完整的样本，称为单阶段抽样，前面的几种方式都是单阶段抽样。如果将整个过程分成若干个阶段进行，最后阶段才能抽取到样本称为多阶段抽样。例如，在全国高校调查中，第一阶段是从全国抽省；第二阶段是从中选省抽市；第三阶段再从中选市抽高校；第四阶段也是最后阶段从中选的高校中抽取样本点。在多阶段抽样的情况下，整个被调查事物的总体，是由若干第一阶段单位所组成的，而每个第一阶段单位又都是由若干第二阶段单位所组成。同样，每个第二阶段和第三阶段单位又都是分别由第三和第四阶段单位组成。在多阶段抽样过程中，只有第一阶段的样本单位是从全部总体单位中抽取的。以下的每个阶段，样本单位的抽取，都是在上一阶段抽中的单位中进行的。因此，在多阶段抽样中，有越来越多的基本单位在每个阶段被排除，而随机性越来越受到限制。

第四章　高等学校教学督导监控数据信息的加工整理和分析

第一节　数据信息的加工整理

一、信息资料整理的意义

信息采集的直接成果是信息资料，而这些资料只是个别的、分散的原始资料。它是反映事物表象的、某一侧面或外部联系的感性材料，而不能揭示现象的本质和内部规律。只有通过整理，对资料进行去粗取精、去伪存真、由此及彼、由表及里地科学加工汇总，才能有助于信息资料分析和研究，从而揭示现象的内部矛盾，反映现象的本质特征，掌握现象的变化规律。只有把这些资料进行科学整理，才能使它成为说明客观现象总体特征的材料。因此，信息资料的整理，在整个工作过程中是非常重要的一个环节。

（一）信息资料的整理

信息资料的整理就是根据教学管理研究的目的和任务的要求，对信息采集阶段所取得的各项原始资料进行分组、汇总，使其条理化、系统化、科学化，得出能反映现象总体特征结果的综合资料的工作过程。对已经整理过的次级资料进行再整理，也属于资料整理。

（二）信息整理的内容与步骤

教育统计整理的内容与步骤包括以下四个方面：

（1）根据教育统计研究的目的和任务的要求，确定需要整理的指标，并根据信息资料分析的需要确定具体的分组方案。正确选择分组标志，并据此进行科学分组，是搞好教育统计整理的前提条件。

（2）对教育统计调查资料进行审核、订正。为了避免教育统计整理工作出现系统误差或错误，提高工作质量，在整理工作开始之前，要对调查资料进行认真细致的检查、核对，检查其是否具备准确性、及时性和完整性三个基本特征。资料的准确性，主要是指调查材料的所属范围、计算口径、计算方法和计量单位等是否符合要求。检查的方法包括逻辑检查和计算检查。资料的及时性，主要是指所调查的材料是否是在规定的时间范围内获得的最新的资料。资料的完整性，包括两方面的内容：一是被调查的总体各单位是否都被包括进去了；二是对各单位调查的内容或项目是否都有记录。其检查方法也是逻辑检查和计算检查两种。通过上述审查，如发现迟报、漏报和计算错误，应及时催报、补报、改正，并针对不同的错误情形提出不同的处理意见或方法。

（3）对各单位的标志进行汇总和必要的加工计算，计算各组和总体的总量。

（4）编制教育统计图表描述汇总结果。

二、信息资料科学分组的概念和作用

（一）分组的概念

根据教学管理研究任务的要求和现象总体的内在特点，把高等学校及相关信息按照某种标志划分为若干性质不同又有联系的几个部分的方法叫作分组法。具体来讲，分组法就是把总体中那些性质相同的单位归集在一起，将性质不同的单位区别开来。通过教育统计分组，使各组内信息资料的同质性和组间资料的差异性的特征表现出来，这就为进一步运用各种教育统计方法，研究现象的数量表现和数量关系，最后达到对事物的本质及其规律性的认识打下基础的目的。

（二）教育统计分组的作用

1. 区分事物的本质属性，划分现象的类型

首先，科学分组的过程就是区别事物和分析事物的过程。社会经济现

象在时间上、空间上的性质都是有差别的，按一定的标志将社会经济现象划分为不同的种类，就可以从数量上揭示现象的内部联系，深入说明总体的特征及其规律性。其次，在区别事物的质的分组过程中，划分社会经济现象类型具有特别重要的意义，它可以直接反映一定社会经济结构的特点。如高等学校分为研究型、教学型、教学研究型；学生可按生源地分、可按经济状况分等。

2. 反映总体的内部结构及各类型的数量特征

总体内部的结构反映了总体内部各部分之间存在的差别和相互联系，它只有通过科学分组才能反映出来，才能表明总体的结构或结构类型的数量特征，才能从数量上计算各部分在总体中所占的比重。如果将总体的结构分组资料按时间的变化，联系起来进行分析，就可以反映由于各组比重变化速度的不同而引起各组地位改变的状况，分析各组变动的内在原因，从而认识总体由量变到质变的转化过程及其发展变化的规律性。如高校中学生的性别比、民族构成、录取分数的差异等。

3. 分析现象之间的相互依存关系

在社会经济现象之间，总是存在着相互联系、相互制约的关系。但现象之间发生联系的方面和程度各不相同，关系比较紧密的一种联系就是现象之间的依存关系，即一个现象的变化常常是另一个现象变化的原因或结果。利用科学分组，可以研究和分析这种依存关系中的内在联系及其变化规律。教育统计分组分析法是最基本的方法，是进行其他分析法的基础。如高考的录取分数与学生所处的区域有关，学生的消费水平与城乡有关等。

（三）科学分组的原则和分组标志的选择

1. 科学分组的原则

（1）坚持资料的组内同质性和组间差异性原则。把总体内不同性质的资料分别归入不同的组内，表现出组与组之间资料的差异性，这是科学分组的目的。而这样分组后，必然又使性质相同的资料合在一起，使组内资料保持同质性。只有遵循这一基本原则，才能通过分组反映所研究问题的本质特征，才能通过计算分析得出正确的结论。

（2）遵循穷尽性原则。穷尽性又称完备性，是指总体中每个信息采集单位都有归属，即都能归纳到某一组，或者说各组的空间足以容纳总体各单位的全部现象。遵循这一原则，就能使全部信息资料按其特点划分到各个组中，不会产生资料遗漏现象。如考试成绩，以百分制为例，60~80 分，80~100 分，就不满足穷尽性原则，若再加上 60 以下这样一组就完整了。

（3）遵循互斥性原则。互斥性是指总体中任意一个单位在一次分组中只能归属于某一个组，而不能同属于两个或两个以上的组。如：60~80 分，要明确 60 分的归属。

2. 分组标志的选择

分组标志是进行科学分组时所依据的标志。正确选择分组标志是保证分组科学性的前提，分组标志选择得恰当与否直接影响到分组的作用和效果。因此，分组标志在选择时，应注意以下几点：

（1）根据研究问题的目的，选择分组标志。任何一个总体，任何一个研究对象，都有许多特征。在许多标志中，有些标志对某一问题的研究非常关键，而对另一问题来说可能就显得无关紧要了。因此，分组标志应视具体情况而定。例如，要研究学生的消费水平，选择家庭经济状况分组就比较合理；要了解学生的学习情况，按每天用于学习的时间，上课出勤率分组就属相关性，若按姓氏笔画分组就属于无关，等等。

（2）在若干标志中，要抓住具有本质性的标志作为分组的依据。明确了分组的目的，不等于就能选择好分组标志。因为在相同的目的下，标志的选择并不是唯一的。在信息采集单位的若干标志中，有些是本质的或主要的标志，有些则是非本质的或次要的标志，要根据研究问题的需要，选择最本质的标志。在选择分组标志时，要特别注意避免选用一些形式化的、不触及问题实质的标志，而放弃那些能说明问题本质特征的标志。

（3）选择分组标志，还应考虑到现象所处的具体历史条件或经济条件。在不同的时间、地点、条件下，被研究对象的本质特征的表现有所不同，而往往离不开被研究现象所处的客观环境条件。如高等学校在英语教学中采用分级教学，就是充分考虑了学生原有的基础和水平。再有，贫困标准的划分要随经济的发展和不同区域区分对待。

三、教育统计分布

（一）教育统计分布的概念

在变量数列中，标志值构成的数列表示标志值的变动幅度，而频率构成的数列则表示相应标志值的作用程度。频数越大，则该组的标志值对全体标志水平所起的作用也越大；反之，频数越小，则该组的标志值所起的作用也越小。将各组单位数和总体单位数相比求得的频率，表明各组标志值对总体的相对作用程度，也可以表明各组标志值出现的频率的大小。按顺序列出各组标志值范围（或以各组组中值来代表）和相应的频率即组成变量分布，亦称教育统计分布。任何一个分布都必须满足：各组的频率大于 0；各组的频率总和等于 1 或 100%。

（二）次数分布的主要类型

各种不同性质的社会经济现象都有着特殊的次数分布，概括起来，主要有钟形分布、U 形分布、J 形分布三种。

1. 钟形分布

钟形分布的特征是“两头小，中间大”，即靠近中间的变量值分布的次数多，靠近两边的变量值分布的次数少，其曲线图就像一座古钟，见钟形分布图：图 4-1（a）对称分布 $M_e=\overline{x}=M_o$；图 4-1（b）右偏态分布 $M_o<M_e<\overline{x}$；图 4-1(c）左偏态分布 $\overline{x}<M_e<M_o$。（注：$\overline{x}$ 表示算术平均数，M_e 表示中位数，M_o 表示众数）。可以看出，图 4-1（b）、图 4-1（c）是非对称分布的，分别向右偏态和向左偏态。在社会经济现象中，许多钟形分布表现为对称分布。对称分布的特征是中间变量值分布的次数最多，以标志值的中心为对称轴，两侧变量值分布的次数随着与中间变量值距离的增大而渐渐减少，并且围绕中心变量值两侧呈对称分布，见图 4-1（a）。这种分布在教育统计学中称为正态分布。

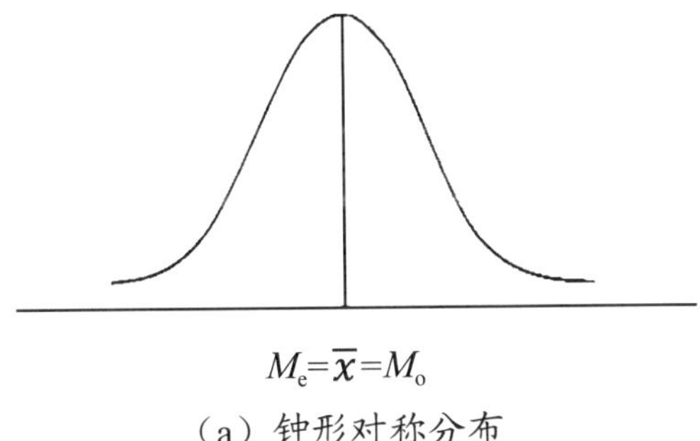

（a）钟形对称分布

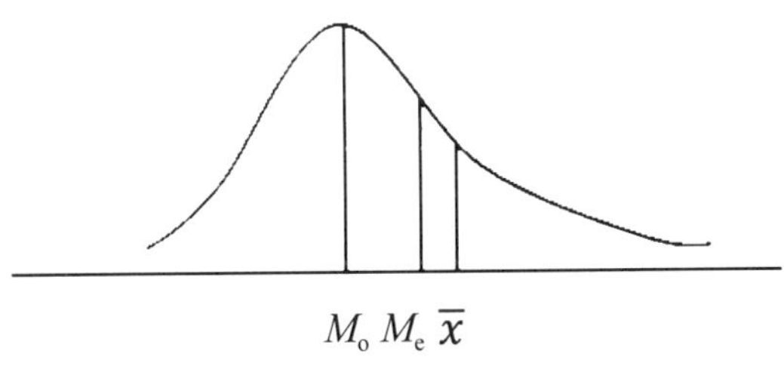

（b）钟形非对称右偏分布

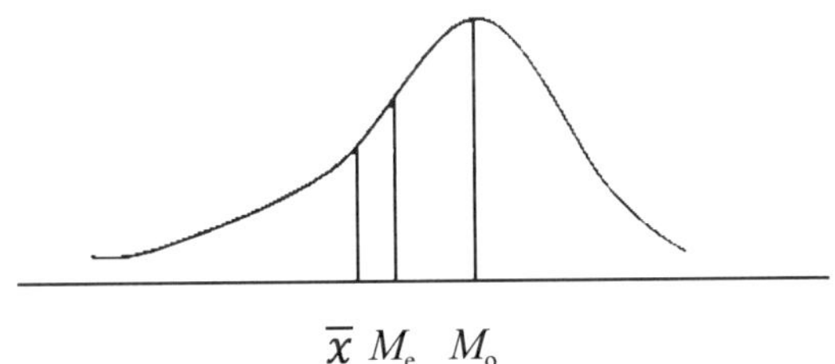

（c）钟形非对称左偏分布

图 4-1 钟形分布

像学生的考试成绩、平均身高等均属于正态分布类型。正态分布在社会经济教育统计学中具有重要的意义。

2.U 形分布

U 形分布的特征与钟形分布的特征正好相反，靠近中间的变量值分布的次数少，靠近两端的变量值分布的次数多，形成“两头大、中间小”的 U 形分布。例如，人口死亡现象按年龄分布，由于人口总体中幼儿和老年人死亡人数较多，而中青年死亡人数最少，因而死亡人数按年龄分组便表现为 U 形分布图，见图 4-2。

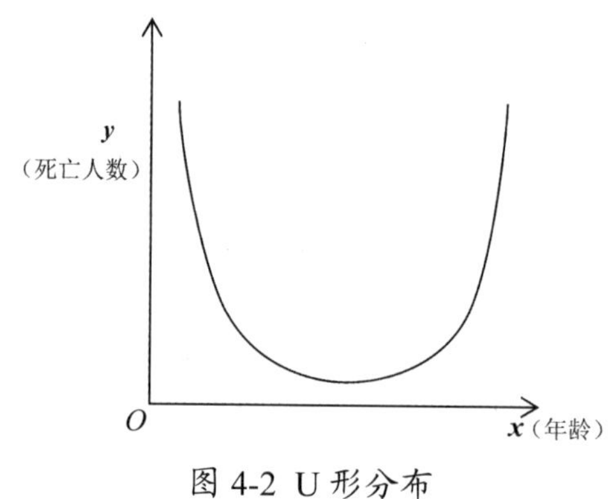

图 4-2 U 形分布

3.J 形分布

在社会经济现象中，也有一些教育统计分布曲线呈 J 型，图 4-3（a）是次数随着变量值的增大而增多，如某门选修课的通过率越高选此门课的人越多；图 4-3（b）是次数随着变量值的增大而减少，使得图形变为反 J 形，如食堂某种菜的价格越高，学生的购买人数就越少。

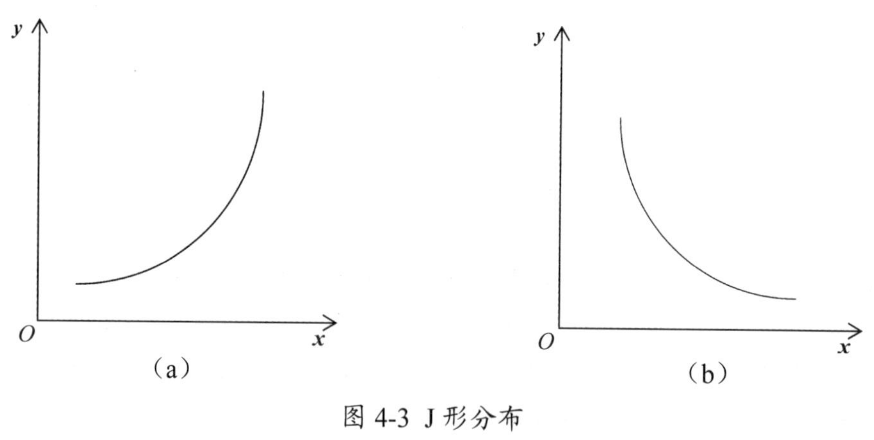

图 4-3 J 形分布

四、信息资料的汇总

教育统计汇总是继科学分组之后的一个重要整理步骤。它包括汇总各个指标的分组数值和总计数值，即计算各组和总体的单位总数，计算各组和总体的标志总量。编制数列是资料整理结果的一种重要表现形式。

（一）教育统计资料汇总的组织形式

根据对信息资料的要求和具体情况，信息资料的汇总可以采取不同的汇总组织形式。资料的汇总组织形式可分为逐级汇总和集中汇总。

1. 逐级汇总

逐级汇总是指按照一定的管理系统自下而上地逐级整理调查资料的工作过程。现行的各类报表一般是采取这种汇总形式。逐级汇总的优点是：能满足各级管理层的需要，便于就地审核和修正原始教育统计资料。其缺点是：汇总周期较长，时效性差，差错率较大。

2. 集中汇总

集中汇总是将全部调查资料集中到组织调查的最高一级机关一次汇总的工作过程。这种汇总形式的优点是：可以缩短汇总时间，减少汇总差错。其缺点是：原始资料如有差错，不易就地改正；整理结果有时不能及时满足各级管理层的需要。此外，有时为了及时获得教育统计资料，以满足各地区、各部门对教育统计资料的需要，需同时采用逐级汇总和集中汇总两种形式。

（二）资料的汇总方式

教育统计调查资料的汇总方式，按技术方法可分为手工汇总和计算机汇总两种。

1. 手工汇总

手工汇总是指使用普通计算工具，如算盘或小型计算器进行的汇总。它是最原始的汇总方式，随着电子计算机的产生和发展，其运用范围正逐渐缩小，但目前在我国依然还有其存在地位。常用的手工汇总方法有以下几种：

划记法，是在汇总表上以划点或划线为记号的汇总方法。它适用于对总体单位数的汇总。汇总时，看总体单位属于哪一组，就在汇总表上相应组内划上一个点或一条线。最后，计算各组内的点或线的数目，便得各组单位数。常用的点线符号有“正”“※”等。划记法手续简便，但只能汇总总体单位数，不能汇总标志值，划线太多容易错漏。所以，划记法一般在总体单位不多，且只要求汇总单位数，不要求汇总标志值时采用。

过录法，是指先将调查资料过录到预先设计的汇总表上，然后计算加总，得出各组和总体的单位数及标志值的合计数，最后填入教育统计表的汇总方法。此法既可汇总单位数，又可汇总标志值，而且便于校对，便于计算。但是，过录工作较费时间，过录项目一多，也容易发生错误。因此，在总体单位不多，分组简单的情况下，采用过录法比较适宜。

折叠法，是把调查表所要汇总的同一项目的数值折叠在一条线上进行汇总，并将结果直接填入教育统计表的汇总方法。这种方法适用于对标志值的汇总，简单易行，也不需要设计汇总表，故为广大教育统计人员所采用。缺点是：在汇总中发现错误，就得从头返工，无法从汇总过程中查明差错的原因。

卡片法，是利用特制的摘录卡片作为分组计数工具的汇总方法。在调查资料多、分组细的情况下，采用卡片法进行汇总，可以保证汇总质量，提高时效性。但如果调查资料不多，采用卡片法就不太经济。因此，卡片法一般在整理大规模专门调查材料时应用。

2. 计算机汇总

计算机汇总是对大量教育统计资料进行现代化整理的教育统计技术。计算机汇总，将是今后人类社会进行教育统计调查活动的主要汇总方式。电子计算机数据处理包括对原始数据的加工、存贮、合并、分类、检查、运算以及打印出汇总表式或教育统计图形等多种功能，其主要步骤如下：（1）编程序。（2）编码。把汉字信息数字化的工作就是编码。它就是把表示信息（数字型、文字型、图像型）的某种符号（代码）体系转换成便于计算机识别和处理的另一种符号体系的过程。（3）数据录入。把经过编码后的数据和实际数字由录入人员通过录入设备记载到存贮介质上（如软磁盘、磁带、纸带、穿孔卡片等）。（4）数据编辑。按照事先规定的一套编辑规则对输入计算机的原始数据进行分析、比较、筛选、整理等，使编辑后的全部数据符合编辑规则的要求。在编辑过程中，将误差超过允许范围的一组数据退回去，重新检查改正，把在允许范围内的个别错误按编辑规则改正。因此，数据编辑的效果取决于所制定的编辑规则。（5）制表打印。对经过数据编辑的数据，执行目标程序，形成各种形式的教育统计表，并把所需的数据、教育统计表或教育统计图打印出来。（6）建立数据库，提供教育统计信息服务，实现资源共享。将电子计算技术和数据传送通信系统联系起来，建立起计算机的网络系统，是实现我国教育统计工作现代化六条标志中的“教育统计计算和数据传输技术现代化”的基本步骤，它将使教育统计工作朝着高质量、高速度、高效率方向发展。

五、教育统计图表

（一）教育统计图的概念与作用

在教育统计工作中，可以利用几何图形或具体事物的形象来表明教育统计指标之间的对比关系，从而显示出社会经济现象的规模、水平、结构、发展趋势、依存关系以及在地区上的分布状况等，这种用几何图形或具体形象来表明社会经济现象数量关系的图形称为教育统计图。教育统计图是教育统计资料表现的一种重要形式，也是分析教育统计资料的重要工具，其作用可归纳为：反映社会经济现象的规模、结构、依存关系；反映现象的变动程度和发展趋势；检查和分析计划执行情况；表明现象在地区上的分布状况。

（二）几种常见的教育统计图

常见的教育统计图有：条形图、面积图（正方形图、圆形图）、曲线图和象形图等。

1. 条形图

条形图（histogram）是以相同宽度条形的长度或高度来比较教育统计指标数值大小的图形，它是教育统计图中最常用的图形。条形图主要用于比较教育统计指标，比较不同时间、地区、单位的同类现象，以及实际完成指标与计划指标等。所比较的教育统计指标可以是绝对数、相对数或平均数。条形图简易明了，应用广泛，它的绘制也较简单。条形图的种类较多，就形式来看有两种：一种是纵向排列的条形图，称为直形图或柱形图；另一种是横向排列的条形图，称为水平条形图或带形图。图 4-4、图 4-5、图 4-6 分别为纵向排列条形图、横向排列条形图和复合条形图。

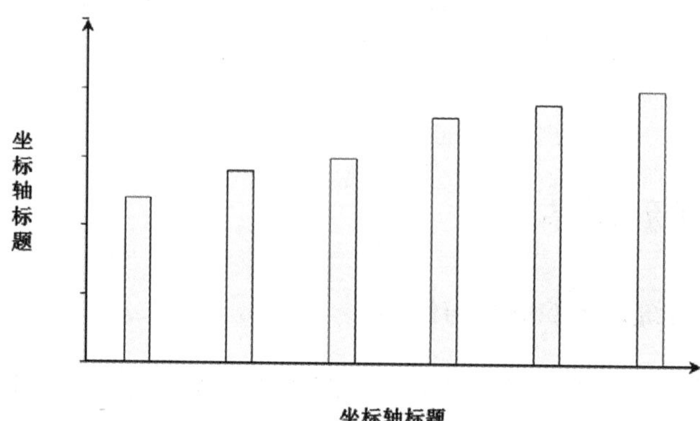

图 4-4 直形图或柱形图

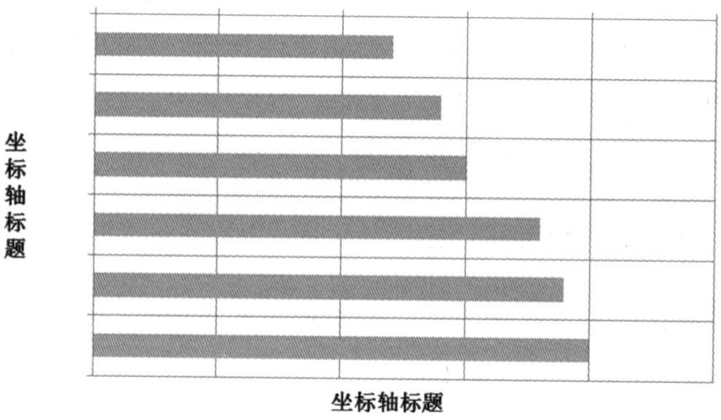

图 4-5 带形图（水平条形图）

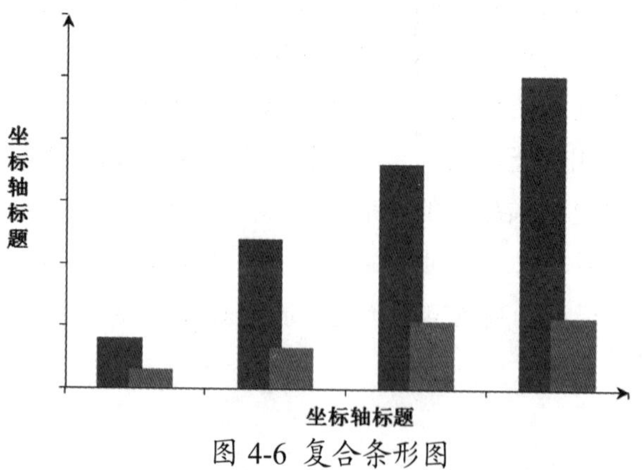

图 4-6 复合条形图

2. 面积图

面积图（area graph）是以几何平面的面积来表达、比较同类指标数值大小以及构成比例的图形。常用的有正方形面积图和圆形面积图两种，分别见图 4-7、图 4-8。

圆形图中更多的是采用圆形结构图。圆形结构图是以圆形面积表示现象总体，把总体分成若干扇形部分，以各扇形面积代表总体中各组成部分所占比例的大小，这样可以鲜明地表示出总体内部的构成，见图 4-9。

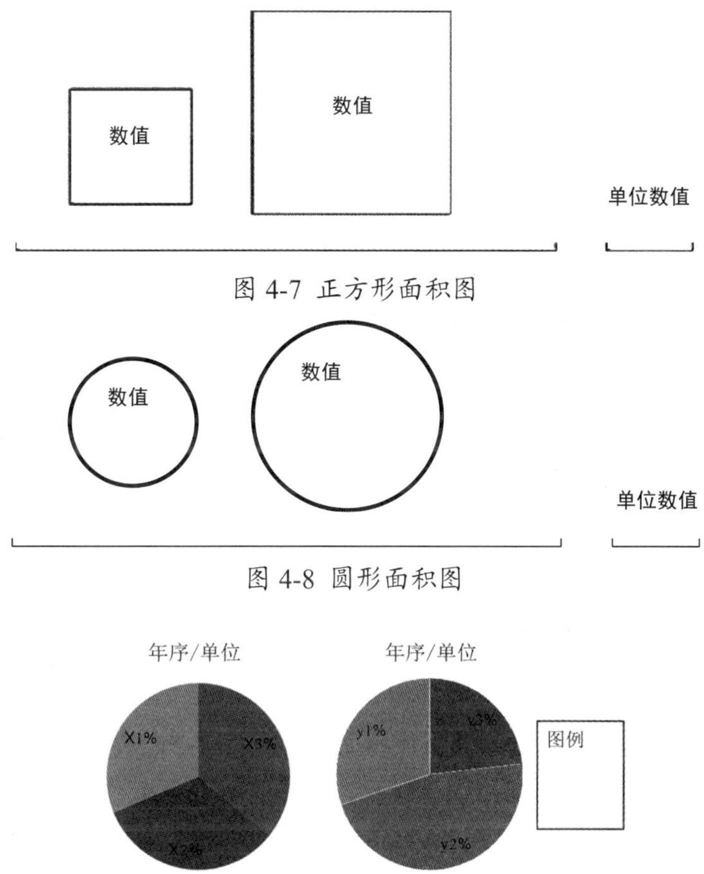

图 4-7 正方形面积图

图 4-8 圆形面积图

图 4-9 圆形结构图

3. 曲线图

曲线图（curve graph）也称线形图，是利用连续曲线的升降来表明现象变化的图形。其主要构成要素就是直角坐标的纵轴和横轴。它主要用于反映现象的动态、总体单位的分配情况、计划完成情况和现象与现象之间的依存关系等。

（1）动态曲线图。它是反映现象在时间上变化的图形，动态曲线图的X（横）轴表示时间，Y（纵）轴表示现象所达到的水平。

（2）分配曲线图。它也称次数分布曲线图，是说明总体单位分配、分布情况的教育统计图。如学生的考试成绩分布、消费分布等。绘图时一般以纵轴代表各组的次数，横轴代表分组或组距数值，见图4-10。

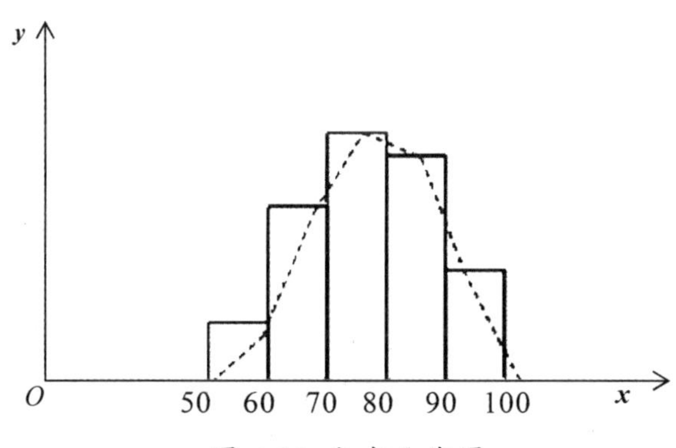

图4-10 分布曲线图

（3）计划检查曲线图。它也称累计曲线图，是反映和分析计划执行情况的教育统计图。计划执行情况图，可以用绝对水平和相对水平的累计反映计划完成情况，绘制计划检查曲线时应注意。

4. 象形图

象形图（figurative graph）是以各种实物的形象画来表明教育统计数值大小的教育统计图。它给人以直观形象的感觉。其主要作用是用来比较现象在不同时间、不同地区和不同条件下的水平、速度、比例、计划完成情况等数值的大小。如反映粮食产量用麻袋的多少、反映石油产量用油桶数量等等。

5. 因果分析图法

因果分析图又叫特性要因图。按其形状，有人又形象地叫它为树枝图或鱼刺图。它是寻找质量问题产生原因的一种有效工具，见图4-11。

画因果分析图的注意事项：

（1）影响因素的主要大原因，通常从几个大方面去分析，即教师、学生、教材、环境、管理。每个大原因再具体化成若干个中原因，中原因再具体化为小原因，越细越好，直到可以采取措施为止。

（2）讨论时要充分民主，集思广益。别人发言时，不准打断，不开展争论。各种意见都要记录下来。

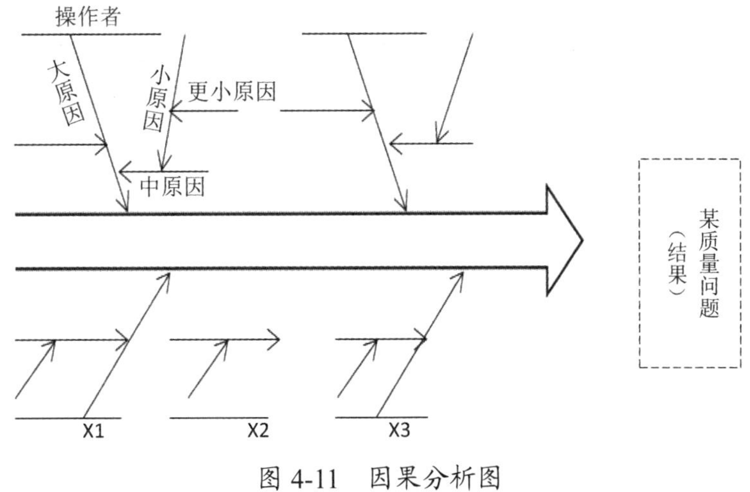

图 4-11　因果分析图

（三）教育统计表

1. 教育统计表的意义和作用

经过教育统计汇总，得出表明社会经济现象总体单位数和一系列标志总量的资料，把这些资料按一定的顺序在表格上表现出来，这种表格称教育统计表。教育统计表的作用是：

（1）它能使教育统计资料条理化，更清晰地表述教育统计资料的内容；

（2）采用教育统计表格表述教育统计资料比用叙述的方式表述教育统计资料简明易懂，且节约篇幅；

（3）教育统计表便于比较各项目（指标）之间的关系，而且也便于计算；

（4）利用教育统计表易于检查数字的完整性和准确性。

2. 教育统计表种类及结构

（1）从内容上看，教育统计表主要包括主词和宾词两个部分。主词是教育统计表所要说明的对象，也就是教育统计表所要反映的总体或总体的分组情况；宾词是说明总体的各个指标。一般情况下，主词排列在表的左方，即列于横行；宾词排列在表的右方，即列于纵栏。

（2）教育统计表从构成要素来看，主要由以下几部分构成：总标题，它是教育统计表的名称，用以简明扼要地说明全表的内容，位于表的上端中部。横行标题（横标目），它是横行的名称，用以列示各组名称，一般写在表的左方。纵栏标题（纵标目），它是纵栏的名称，用以列示分组标志的名称和指标名称，一般写在表的右方。数字资料。它列在各横行标题与纵栏标题的交叉处，教育统计表中任何一个数字的经济内容由横行标题和纵栏标题来说明。见图 4-12。

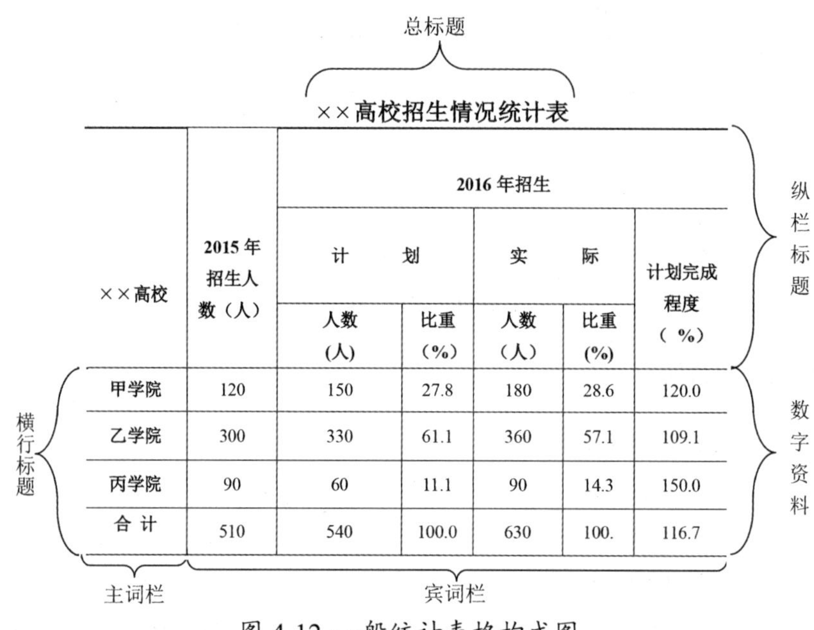

××高校招生情况统计表

××高校	2015 年招生人数（人）	2016 年招生				
		计　划		实　际		计划完成程度（%）
		人数（人）	比重（%）	人数（人）	比重（%）	
甲学院	120	150	27.8	180	28.6	120.0
乙学院	300	330	61.1	360	57.1	109.1
丙学院	90	60	11.1	90	14.3	150.0
合 计	510	540	100.0	630	100.	116.7

图 4-12 一般统计表格构成图

（3）从学术研究看，主要是三线表。实验测量和计算数据是科技论文的核心内容，作为数据表述主要形式之一的表格，因具有鲜明的定量表达量化信息的功能而被广泛采用。三线表以其形式简洁、功能分明、阅读方便而在科技论文中被推荐使用。三线表通常只有3条线，即顶线、底线和栏目线（见图 4-13，注意：没有竖线）。其中顶线和底线为粗线，栏目线为细线。当然，三线表并不一定只有 3 条线，必要时可加辅助线，但无论加多少条辅助线，仍称作三线表。三线表的组成要素包括：表序、表题、项目栏、表体、表注。三线表的一般形式如下：

××××× 表

项目	组别	指标 1	指标 2 ……
项目 1	组别 1	data1	data1
项目 2	组别 2	data2	data2
……	……	……	
……	……	……	
……	……	……	

资料来源：……

图 4-13 三线表构成图

（4）从反映统计单位的数量看，分为单一表和一览表。

单一表是每个被采集单位填写一份，可以容纳较多的项目。一个问题的采集不限于只使用一张表，可以视采集项目内容的多少，由若干张组成。如学生信息卡片、学籍卡片。一览表是把许多调查单位填列在一张表上，如：学生课程成绩单。分别见下图 4-14、图 4-15：

×× 市专家信息表

<table>
<tr><td>姓名</td><td></td><td>性别</td><td></td><td>民族</td><td></td><td rowspan="4">照片</td></tr>
<tr><td>曾用名</td><td></td><td>出生日期</td><td colspan="3"></td></tr>
<tr><td>政治面貌</td><td></td><td>学历</td><td colspan="3"></td></tr>
<tr><td>参加工作时间</td><td></td><td>学位</td><td colspan="3"></td></tr>
<tr><td>毕业院校及专业</td><td colspan="6"></td></tr>
<tr><td>专业技术职称</td><td colspan="6"></td></tr>
<tr><td>工作单位</td><td colspan="3"></td><td>职务</td><td colspan="2"></td></tr>
<tr><td>从事专业</td><td colspan="6"></td></tr>
<tr><td>通信地址</td><td colspan="3"></td><td>联系电话</td><td colspan="2"></td></tr>
<tr><td>主要专业工作经历</td><td colspan="6"></td></tr>
</table>

图 4-14 单一表样例

××市专家信息汇总表

序号	姓名	性别	民族	出生日期	政治面目	学历	学位	职称	联系方式
001	…								
002	…								
003									

图 4-15 一览表样例

3. 教育统计表的编制规则

编制教育统计表必须遵循的原则是：简明、清晰、准确、醒目。

具体规则有以下几点：

（1）教育统计表的各种标题，特别是总标题，要简明确切，能概括地反映出表中列示的基本内容，表明资料所属的地区和时间。

（2）表中的横行标题各行、纵栏标题各栏，一般按先局部后整体的原则排列，即先列各个项目，后列总计，如果没有必要列出所有项目时，就要先列总计，后列其中的一部分项目。

（3）如果教育统计表的栏数较多，通常要加以编号。对于横行标题、栏，用（甲）（乙）（丙）等文字符号标明；对于纵栏标题各栏，则用（1）（2）（3）等数字编号来标明。

（4）教育统计表中的数字，填写时要工整、清楚、对准位数。当某项数字为 0 或不应有数字时，要用“—”表示；当缺乏某项数字资料时，用符号“……”表示；相同的数字要照写，不能用“同上”“同左”等字样代替。

（5）教育统计表中必须有计量单位栏，若全表只有一种计量单位时，可省去计量单位栏，而把计量单位写在表头的右上方。

（6）教育统计表的表式，一般是上、下横线用粗线封口，左右两端不封口，习惯上叫“开口表”。

（7）教育统计表的说明或注解，一般写在表的下端，以便查考。

第二节　信息资料的分析发布与利用

一、信息资料分析及其作用

（一）什么是信息资料分析

信息资料分析是指运用教育统计、数学或管理方法及与分析对象有关的知识，从定量与定性的结合上进行的研究活动。就教育统计工作过程而言，它是继总体设计、教育调查、教育信息整理之后的一项十分重要的工作，是在前几个阶段工作的基础上通过分析从而达到对研究对象更为深刻的认识。而从社会上广泛开展的信息资料分析活动来看，它又是在一定的选题背景下，集分析方案的设计、资料的搜集和整理而展开的研究活动。

应用教育统计方法是信息资料分析的重要特征之一 。教育统计方法是以总体现象的数量关系为对象的一类特殊科学研究方法的总称，从应用的角度可分为经验方法和数学方法。

经验方法是指与人们长期的教育统计实践经验相关联的方法。在信息资料分析中常用的数量比较法、分组分析法、动态及因素分析法等就属于这一类。顾名思义，经验方法大都是依经验而产生、凭经验而完善、靠经验来检验其正确性的。例如，在评价分析过程中经常应用的数量比较方法，其评价标准的选择，比较方法的确定，虽然不需要什么高深的知识，但却需要研究者根据经验来判断，同样的方法，同样的研究对象，经验丰富的研究者肯定要比经验不太丰富的研究者取得的效果好。在信息资料分析过程中，由于这一类方法简单、实用、约束条件少，因此在教育统计中应用得十分广泛。

数学方法又称数理教育统计法，是以数学理论，特别是概率论为基础对客观现象进行研究的方法。它可以通过对现象貌似偶然的变动来探求其必然的规律性。由于这一类方法有着坚实的数学基础，因此，如果能正确应用此方法，可以大大提高信息资料分析的科学性。特别是在计算机普及应用的今天，已经克服了这类方法计算复杂的障碍，为普及应用创造了有利的条件。

定量与定性的结合是信息资料分析的另一个重要特征。信息资料分析面对的不是抽象的数字，而是在定性分析的前提下，通过其数量表现对研究对象进行认识。因此，熟悉和掌握与研究对象有关的知识是十分必要的。不了解高等教育的教学规律和管理制度，仅凭教育统计数据很难想象能够对高等教育进行成功的信息资料分析；不了解教学管理、没当过教师也很难想象能够对高等教育的教学科研状况作出正确的评价。特别是与高等教育统计分析密切相关的教育学、社会学、心理学、管理学等学科阐述的许多概念、范畴和规律，既是定量认识的前提，又是信息资料分析的重要依据。了解这些知识是成功进行信息资料分析的保证。

系统完善的资料是信息资料分析的条件。近年来，由国家及省教育行政部门教育统计搜集的信息资料，编辑出版的有关年鉴以及各种调查汇编资料已成为信息资料分析十分重要的资料来源。但是信息资料分析还经常需要一些非教育统计部门、机构或单位搜集的资料，如对高等教育办学条件进行分析，经常要用到财务上的数据。特别是近年来随着教育统计方法与技术的发展与完善，一些定性资料经过特殊处理后，也可以用来进行信息资料分析。

随着教育统计方法的普及，不仅教育统计工作者可以搞信息资料分析，高校的各岗位工作者都可以运用教育统计方法进行信息资料分析。只将教育统计工作者参与的分析活动称为信息资料分析的说法严格来说是不正确的。需要说明的是，信息资料分析与财务分析、资产分析、科研状况分析及其他各种分析研究活动有着密切的联系，它们之间往往存在着一种相互包含的关系。但只要运用了教育统计方法，就可以称其为教育信息资料分析。

（二）信息资料分析的作用

信息资料分析在深化高校教育统计认识中发挥着重要的作用。从教育统计认识的全过程来看，通过教育统计设计、调查和初步整理所取得的信息资料，可以对客观现象总体的数量特征取得一定的认识，但这些认识却只是初步的、表层的，只有对这些资料进行由表及里、由此及彼的分析研究，才能掌握事物的本质特征、内在联系和发展变化规律，使教育统计认识得到进一步的深化。例如，反映各高校办学条件状况的各项指标有好有差，只有进行信息资料分析才能做出全面的、综合的评价；又如，对原始资料的汇总往往可以获得反映高等教育管理活动成果的资料，但要想深入地了解这些结果形成的原因及影响程度，必须进行进一步的因素分析；再如教育统计整理的资料一般是对现状进行描述的资料，要掌握现象的发展变化趋势，必须进行动态分析和预测，才有助于获得规律性的认识。信息资料分析具有深化认识的作用，使得信息资料分析在许多领域得到了广泛的应用。

就高等教育领域而言，信息资料分析还是发挥教育统计整体功能，提高教育统计工作地位的重要手段。随着我国改革开放政策的实施，高等教育领域发生了深刻的变化，各级领导部门和决策者仅凭个人能力和经验已经难以把握瞬息万变的局面，更难以做出正确的、科学的决策。在这种情况下，信息资料分析的优势随之显现，它可以把数据、情况、问题、建议等融为一体，既有定量分析，又有定性分析，比一般教育统计数据更集中、更系统、更清楚地反映客观实际，又便于阅读、理解和利用，因而它是发挥教育统计的传递信息、咨询、监督功能的主要手段。与此同时，也提高了教育统计工作的社会地位。

信息资料分析是增进社会了解教育统计的重要窗口。在我国，由于受各种因素的影响，一些人缺乏教育统计意识、轻视教育统计，认为教育统计只是教师人数、学生人数的加减，填写报表的工作，甚至认为教育统计可有可无。要改变这种状况，一方面要加强教育统计宣传，提高人们的认识；另一方面，则要提高教育统计工作水平，搞好信息资料分析，更好地发挥教育统计的整体功能，用事实改变人们对教育统计工作的认识。由于信息资料分析可以综合表现和传播多种教育统计信息，因而它可以成为充分展示各种教育统计成果的重要窗口。通过这个窗口，既向各级党政部门和社会公众传递了教育统计信息，也使他们增进了对教育统计工作的了解，进而认识到教育统计工作的重要性。

二、信息资料分析的种类

在教育统计实践过程中，根据研究对象和研究目的的不同，信息资料分析也是多种多样的。为了对信息资料分析有一个进一步的了解，现将各种类型的信息资料分析做一个简单的介绍。

（一）综合分析和专题分析

综合分析和专题分析是依据与政府教育统计工作过程的关系的一种划分。在政府教育统计工作中，依据现实的政府教育统计制度搜集到的资料来进行分析，就称为综合分析。国家教育统计在每年的年初都要发布上一年度的教育发展公报，这就是典型的综合分析。综合分析是政府教育统计工作过程的一部分，没有综合分析，教育统计工作过程就是不完整的。而专题分析则不同，它是根据高等教育发展过程中的新动向、新问题来确定选题而进行的信息资料分析。专题分析可以依据政府教育统计制度搜集到的资料，也可以根据选题的不同，补充其他一些资料，有时甚至还会为此进行一些专题调查。专题分析的选题十分广泛，可以是现实的选题，也可以是历史回顾之类的选题；可以是宏观问题，也可以是微观问题。此外，专题分析所涉及的范围一般没有综合分析宽，但却比综合分析要深入。

（二）宏观分析和微观分析

在高等教育领域，从分析的问题所涉及的层面来看，信息资料分析可以分为宏观分析和微观分析。宏观分析即指分析对象为宏观领域，微观分析即指分析对象为微观领域。虽然有些信息资料分析中既涉及宏观问题又涉及微观问题，但按其侧重点加以区别还是比较容易的。

（三）状态分析、规律分析和前景分析

尽管各种信息资料分析活动具体的对象和目的不尽相同，但从一般认识的角度看，却无非都是在对客观现象的状态、规律及前景进行分析和研究。

从教育统计意义上看，客观现象的状态是指一定时间地点条件下的规模、水平、速度及各种构成的比例关系；规律是指事物之间客观存在的、必然的依存关系，以及在较长一段时间内事物发展变化的模式；前景是指客观现象未来可能的状态。

信息资料分析对状态、规律、前景的认识作用是相互联系的，体现了认识上由浅入深的三个层次的变化。对状态的认识是最基本的，只有在此基础上才有可能揭示现象的规律，也只有循着所揭示的规律，才有可能推测其未

来的前景。当然，一项具体的分析可以有所侧重，不见得均要发挥以上三个层次的认识作用。

（四）静态分析和动态分析

静态分析和动态分析是根据信息资料分析在时间上的着眼点不同来划分的。静态分析侧重于描述事物在某一时期的状态，而动态分析则侧重于事物较长时期发展变化的趋势。不过，在一般的信息资料分析中静态分析和动态分析经常是结合在一起进行的。

三、信息资料分析的选题

（一）选题的意义

在专题分析中，选题往往标志着信息资料分析的开始。所谓选题，并不是指为信息资料分析报告制作一个标题，制作标题属于信息资料分析报告的具体表达问题。而我们在这里所说的选题是指通过对客观现象的观察或通过对教育统计资料的初步分析，选择出所要研究的对象，确定出研究目的和范围，规划出主题思想和基本内容。

选题对信息资料分析而言具有十分重要的意义。选题在人们的认识中，是已知领域和未知领域的连接点，它既表现为已知的，是在以往认识的基础上产生的；又表现为未知的，是有待于即将开始的信息资料分析活动来解决的。它既可以反映现有认识的广度和深度，又体现了向未知领域探索的广度和深度。一个好的选题既体现了分析者的知识水平和业务素质，又可以体现信息资料分析价值之所在。

（二）选题的要求

一个好的选题应符合以下一些要求：

（1）选题要切合实际。信息资料分析是为了研究和反映实际情况，因此，选题必须从实际出发，而不能靠想象、凭兴趣。有了针对现实的好选题，我们才能正确地探索客观实际，展示事物的本来面目，发现各种矛盾和问题，从而使信息资料分析成为客观实际的真实反映。

（2）选题要解放思想。选题要有勇气，要敢于正视各方面出现的矛盾，敢于突破传统观念的框框，并提出质疑。

（3）选题要新颖独到。要注意选题的求新意识。选题新颖，抓住显露出的新苗头、新问题，信息资料分析才能有新的内容或新的见解，才能引起较大的反响。要做到这一点，研究者必须注意做一个有心人，做一个观察家。

选题要有针对性。信息资料分析或是为了给各级决策部门提供可靠的依据，或是为了给社会公众提供咨询建议，而不是毫无目的地为了分析而分析。因此，好的选题应该是对“别人”有用的题材。

选题要切实可行。选题不仅要考虑“价值”，还必须考虑“可能”，即主观上和客观上是否具备一定的条件。

从主观上讲，可行就是量力而行，要考虑到自己对情况是否熟悉，是否能够胜任。特别是一些较为复杂的题材，在分析过程中会遇到许多意想不到的困难，如果没有强烈的责任感和对研究对象的深入了解，则很难达到预期的目的。

从客观上讲，可行就是要有较好的外部条件。除其他有关人员的支持和协作、时间上是否宽裕外，主要是指是否有较为充分的资料。对从事教育统计工作或与教育统计资料接触较为密切的分析者而言，资料的取得会较为容易，而对从事其他工作的分析者，却往往在选题之后还要进行收集资料的工作。因此，就需要在考虑资料取得的可能性以及通过什么途径来取得资料等问题。

四、信息资料分析指标体系

选定选题，确定了分析对象和分析目的，下一步就需要根据分析目的将分析对象具体化。例如，要对高等学校学习状态进行分析，那么，我们首先面临的问题是如何反映学生的学习状态，才有可能使我们对其从量的角度进行认识，从而才能运用教育统计方法对其进行分析。建立信息资料分析指标体系就是处理这一数量化过程的重要环节。

（一）建立信息资料分析指标体系应遵守的一般原则

建立信息资料分析指标体系乍看起来无非是选择几个指标，但实际上这是一个十分复杂的问题。对同一个分析现象，因分析目的不同，指标体系也就不一样，即使是同一个分析对象和同样的分析目的，由于人们的认识不同，设置的教育统计指标也不会完全相同，甚至还会有相当大的差异。关于如何建立指标体系的问题，在此只是提出一些一般应注意的原则。

（1）指标体系的设计要紧扣选题。前面谈到指标体系是选题的具体体现，但是在实际的指标体系的设计中，特别是在指标的选择过程中，最容易出现的问题就是指标的选择没有紧扣住选题。例如，在反映学生对专业的兴趣时却选择了一些反映学生家庭经济状况的指标；在反映学风时却选择了一些课外活动的指标等。在一些时候，尽管我们注意，但还是总不自觉地应用了一些似是而非的指标。

（2）要注意指标体系的全面性和系统性。全面性是指指标的选择应尽可能从不同的角度反映分析对象的全貌。如对高等学校进行评价时，应考虑到办学定位、人才培养目标定位、师资力量、人才培养过程、教学资源保障条件、学风、教学质量监控、就业趋向和质量等各个方面；系统性是指指标体系中的指标之间要具有一定的内在联系，而不是杂乱无章地罗列。

（3）要讲究简捷有效。指标体系并不是包含指标越多就越全面，指标越多收集数据的工作量就越大，在收集、整理、计算数据时出现误差的可能性也就越大。而且，指标与指标间在反映问题时出现不一致的可能性也就越大。因此，有经验的分析者在设计指标体系时都力求简洁，尽可能地删除一些可有可无的指标。

（4）要注意指标的敏感性。指标应能比较敏感地反映分析对象的变化。有些指标从理论上讲是合理的，但是由于环境条件发生了变化或受到一些因素的制约，往往显示不出实际状况。例如，从理论上讲，学生的努力程度与学业成绩有着密切的关系，但在某些特定场合却是不管学生如何努力，成绩就是提高不上去。

（5）要注意指标的可行性。指标的设置要有利于资料的取得，否则信息资料分析则无从谈起。

（二）教育统计指标的选择方法

选择指标的方法可分为两类，一类是定性方法，另一类是定量方法。定性方法中常用的，也是效果较好的方法是专家评判法。其方法其实十分简单，就是通过研讨会或征询意见的方式，集各位专家的智力优势和经验来选择指标。

在建立指标体系的过程中，不仅要根据理论和经验对指标进行定性筛选，而且还要根据指标在历史资料中的表现加以确定。特别是在指标选择余地较大时，更要根据指标的表现从众多较为类似的指标中删除那些个性不太强的指标，并选择出较有特色的指标。同时，也可以简化指标体系，减少分析过程中的计算工作量，这就是定量的方法。

定量方法中常用的方法是试算法，即通过对历史资料的试算来判断指标的有效性。如我们打算建立一个指标体系来对 2017 年全国各高校教育状况进行分析，那么就可以用 2015 年或 2016 年的数据进行试算，通过试算结果判断指标是不是合适，然后再修正指标体系至满意为止。

五、信息资料分析的准备

符合要求的教育统计资料是进行教育统计分析的前提条件。可以进行教育统计分析的资料是多种多样的，不光是教育统计资料，财务资料、资产资料、科研资料及其他一些与分析对象相关的专业资料都可以用来进行教育统计分析。随着教育统计方法的发展，甚至一些定性资料也可以用于教育统计分析。

一般来说，教育统计分析多应用现成的教育统计分析资料，特别是教育统计工作者，具有利用现成的教育统计资料的得天独厚的条件，但随着分析的深化，补充、搜集资料也是常有的事情。

有经验的分析者在利用教育统计资料分析之前，一般要对资料的可信程度、一致性进行基本的判断。在准备应用一些数学方法时，往往还要留意资料的计量水平。

（一）资料的可信程度

由于资料的来源渠道不同，搜集方法不同，搜集资料的主体客体不同，教育统计资料的可信度也大不一样，甚至会出现教育统计部门经常讲的“数出多门，数数不同”，即使同一个指标因不同部门搜集整理后其数量表现不一致的情况也时常存在。因而根据经验来判断资料的可信程度是十分必要的。

（二）资料的一致性和可比性

教育统计资料的一致性主要是指：（1）指标口径的一致性。特别是在进行横向比较时，同样名称的指标其内涵有时是不同的，如在校生数、双师双能教师数等；有时其名称有一些微小的差别，但对教育统计指标不熟悉的分析者来说很容易混淆。（2）指标范围的一致性。随着改革开放的不断深入，有些指标在不断地变化，特别是在进行动态比较时，如果指标的范围前后不一致，结论的可信度自然会受到影响。（3）时期长短的一致性。这里的时期有两种含义：一是数据本身的时期长短；二是数据之间的时间间隔的长短。对时期类指标而言，由于指标数值的大小与时期长短有直接关系，所以要尽量保持数据在时期长短和时间间隔两个方面的一致性。这样才便于对数列中的数据进行直接地对比分析。对于时点类指标，尽管指标数值大小与时间间隔长短没有直接关系，但也应尽量保持时点之间间隔长短的一致性。（4）指标的计算方法、计量单位和价格应前后一致。有的分析指标有多种计算方法、多种计量单位甚至多种价格，在进行横向或纵向比较时，均需要进行换算和调整，以增大指标的可比性，使指标反映的问题更加科学。

第三节　某高校教学质量信息及利用实证

一、教学质量信息监控反馈图表

通过监控督导搜集大量信息的目的不是为了占有资料，而是为了反馈给相关部门、教师、管理人员和个人，使其发挥重要的作用，质量保证体系、质量监控与信息反馈的关系，见图 4-16。

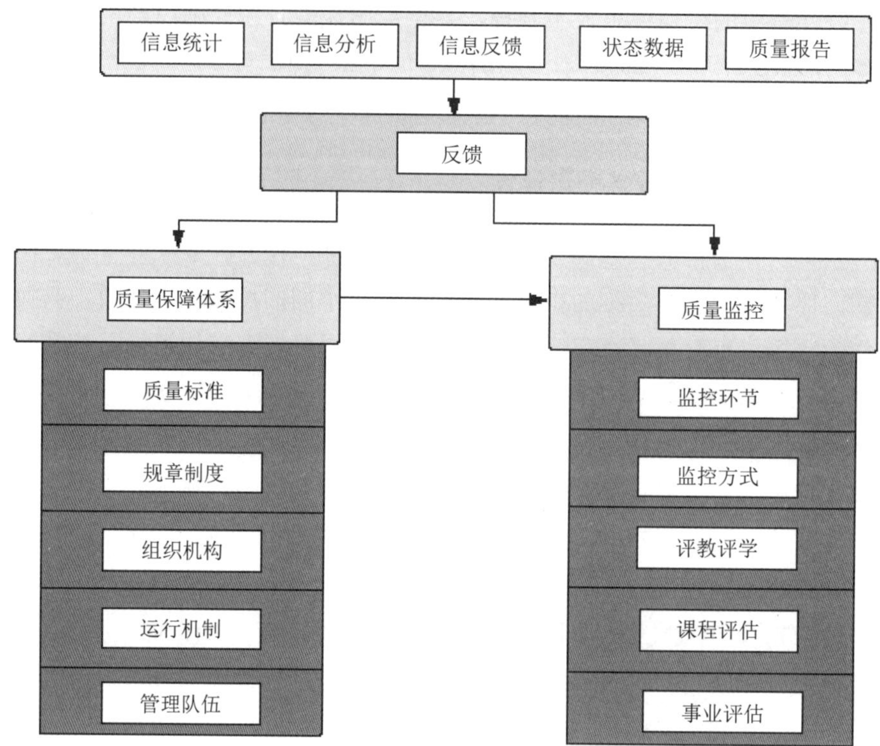

图 4-16 质量保障体系、质量监控与信息反馈关系图

二、全面采集教学状态数据，建成教学基本状态数据库

学校建立了教学质量信息多渠道采集制度，建成了本科教学基本状态数据库。

按照河北省教育厅关于开展本科教学工作质量问卷调查、教学基本状态数据公示和教学质量年度报告工作（简称“三项制度”）的要求，教务处、财务处、科研处、学生处、校团委、各二级院（系）共同参与、收集和整理本科教学基本状态数据，完成了学校基本信息、学校基本条件、教职工信息、学科专业、人才培养、学生信息、教学管理及质量监控共 7 大类、81 项指标的教学基本状态数据填报和教学质量年度报告撰写工作。

三、科学统计分析质量信息，提高质量结果反馈时效性

（一）课堂教学质量评价按学期反馈

每学期末，对学生评教数据进行统计分析，并及时反馈给各学院。校院两级教学督导对课堂教学质量的指导情况通过面对面反馈和事后反馈两种形式反馈给被听课教师。教师综合学生评教和专家评教的数据及时反馈二级学院（系、部），教师能够认识自身教学现状，不断改进教学方式方法，提高教学质量。教学质量评价结果作为评选专业带头人、教学骨干、教学质量优秀的主要依据。

（二）各项检查评估结果实时反馈

教学督导组通过常规听课看课、重点听课、诊断性听课、集中听课等方式，深入课堂了解教学一线情况，对校内实验课、校内外实习实训工作及教学管理工作进行全面检查，实时进行教学信息采集、整理和反馈。

（三）师生对教学意见与建议全面反馈

校院（系、部）两级定期召开师生座谈会，从人才培养的各环节全面了解和评价教学质量。涉及教学管理、后勤保障等学校层面解决的问题，反馈信息至相关部门解决；涉及人才培养方案、课程设置、教师教学等方面的问题，要求学院及时与师生沟通，进行信息反馈与整改。教学信息员通过填写教学运行情况周报表和月报表，反馈课堂教学秩序和教学运行情况，供教务处决策参考。

（四）毕业生与用人单位评价及时反馈

通过走访就业基地、用人单位，调研毕业生对专业教育的意见和建议，了解用人单位对人才需求的新变化和对毕业生的新要求，调研走访结果为修订人才培养方案、调整专业结构、优化课程设置等提供直接依据。

四、定期发布年度质量报告，实现质量信息公开常态化

（1）发布本科教学质量年度报告。依据本科教学基本状态数据库，已连续三年发布了本科教学质量年度报告，以此作为学校编制发展规划、各部门科学决策的基本依据。

（2）编制生源质量年度报告。自 2013 年开始，已连续 5 年编制了生源质量年度报告并向社会公布，涉及了生源计划、分省招生计划、分省录取情况等相关数据，使各有关部门和二级教学单位及时了解生源动态，增强人才培养的针对性和实效性。

（3）发布毕业生就业状况年度报告。自 2014 年开始，已连续 4 年发布了《毕业生就业质量年度报告》并向社会公布，涉及了本科毕业生基本信息、就业率、毕业生就业流向、薪酬、满意度等主要指标。近三年统计数据显示，毕业生就业率稳定在 90% 以上，毕业生就业专业对口率逐年上升，2017 年达 83%；毕业月薪酬达 5000 元的学生超过总学生的 1/3；毕业生整体满意度都在 90% 以上。

第四节　教学质量改进

一、部门联动多措并举，建立质量改进长效机制

（一）多部门联动落实质量改进

建立校级督导、院系督导、学生信息员三级监督及学生输送方——家长、社会需求方——用人单位和接受教育方——学生“三级三方”六位一体教学质量监控反馈机制，发现问题及时进行分析处理。涉及教师个人或单个部门的问题，及时通报整改，并对改进成效进行检查。涉及多个部门的问题，向主管校长汇报后，采取多部门联动机制，拟定整改方案，协调落实。例如，对教学质量评价后 10% 的教师，由教务处反馈至所在学院，由学院教学督导组

进行诊断性听课，并指定专人进行帮扶。对两次教学质量评价后3%的教师在职称评定中实行“一票否决制”，并调离教学岗位。

（二）经费保障助力质量改进

学校保障教学经费的基本投入，近三年质量工程项目经费年均投入215万元，教研项目费用年均15万元；课程建设费逐年增加，2017年比2015年增加13.69万元；学科竞赛奖励2015年47.3万元，2017年67.3万元，2017年比2015年增加20万元；实践教学基地建设三年累计投入60万元，实验教学示范中心三年累计投入180万元，仪器设备维修费三年累计投入60万元。另外，充分利用转型发展专项经费，配套安排4000余万元经费，用于实验实习设备的购置和“理实一体”教室、实验室、大学生众创空间、实训中心、示范中心等项目建设。

（三）职称评聘制度促进质量改进

学校印发了《专业技术职务评审推荐暂行办法》《学术道德规范》等文件，将师德和教学评价作为职称评聘、岗位聘任的重要考核条件。围绕学校办学定位和应用型人才培养目标，出台了《教职工继续教育管理办法》《鼓励教师参加实践锻炼暂行办法》和《关于进一步加强师资队伍建设的若干意见》，并将教师的教学质量和双师素质作为职称评聘考核的内容之一。

（四）教学激励政策提升质量改进

我校先后出台了大学生考研奖励办法和教师评奖评优制度10余项。通过课程建设奖励、校本教材建设奖励、教学成果奖励、教育教学研究论文奖励、教师说课大赛奖励、教师基本功大赛奖励等一系列教学奖励，调动教师投入教学工作的积极性，鼓励教师增加教学投入，奖励在教学工作中倾心投入、贡献突出的人员，激发教师投入教学的积极性和主动性。

二、不断完善保障体系，实现质量改进全面增效

2007年以来，学校按照教育部评估专家组提出的建议，进一步加强整改

和建设，办学定位更加准确，办学思路更加清晰，办学特色更加突出，教育教学理念更加先进，人才培养目标更加明确，教育教学改革更加深入，人才培养更加适应国家和地方经济社会发展的需要，教学质量和人才培养质量不断提高，整体办学水平和社会声誉不断提升。

（一）教学质量保障体系不断完善

通过对教学质量保障的质量标准、制度建设、管理队伍、运行机制等方面进行不断完善，学校构建了“三级三方”六位一体的教学质量保障体系，三项评估制度，三段式定期教学检查与日常教学检查相结合的质量监控体系，形成全员参与、全程监控、全面评价的教学质量监控长效机制。

（二）人才培养质量稳步提升

2016—2018 年学生毕业率和学位授予率、学生考研率、公务员考取率、就业率、初次就业薪酬均呈上升趋势，近三年学生平均考研率达到 16% 以上；毕业生就业率分别为 85.75%、90.42%、96.83%；2013—2015 届毕业生初次就业月工资水平在 5000 元以上的占比最多，分别为 35.09%、35.95%、33.47%。

学生在各种学科竞赛活动中捷报频传：近三年学生在各级各类竞赛中获国家级奖励 232 项、省级奖励 1000 余项。

（三）学生对学校人才培养质量满意度较高

学生对学校人才培养质量满意度较高。在综合素质、道德品质、自主学习的能力以及自我发展潜质等方面学生的满意度分别为 98.14%、97.88%、93.49% 和 89.93%。

（四）用人单位对学校人才培养质量满意度较高

2015—2017 年，针对近 200 多家用人单位对学校人才培养质量满意度的调查结果显示，总体满意率均在 95% 以上。

随着学校办学实力的提升和人才培养质量的提高，社会对学校的认可度不断提升，每年报考人数不断增加，第一志愿录取率逐年上升，最低录取分数也逐年提升。

第五章　高等学校教学督导存在的问题分析

第一节　高等学校教学督导存在的问题

作为高校教学管理与监督的重要手段，高校的教学督导于20世纪90年代在我国众多高校中兴起，成为保障高校教学质量的重要举措，对教师教学水平、学生学习风气及教学目标的实现发挥着至关重要的作用。但是，通过文献研究和对河北省几所试点院校的调研，我们发现普通高校的教学督导体系与教学监控机制存在着如下问题：

一、对于教学督导的认识存在分歧

教学督导与教学质量监察涉及多方的利益，如教务部门、各二级学院、教师与学生等。经调查，督导工作的各方对督导的概念认识不清，也没有从根本上认识到督导工作的重要性。因此，要想更好地发挥教学督导的作用，必须从上至下形成统一、系统的认识。相关部门要制订系统详细的督导计划，每个督导人员要切实执行，教师和学生也要积极参与配合。只有各方认识达成高度统一，才能将教学督导工作落到实处，并将学校的教学质量推上新的高峰。

二、组织隶属关系存在漏洞

据调查，在河北的大多数普通高校中，教学督导隶属于学校的教务部门，这样一来，难免会疏忽对教学管理的监督，形成监管盲区。也有个别高校由校长牵头，设立专门的教学督导委员会。但是也难免会协助教务部门处理相关的事务，对教学部门的教学管理督导工作也很难落到实处。还有的高校设立了校级和二级学院的多级督导机制，但是在工作中难以达到分工明确、无缝配合。

三、工作定位片面、内容不完善

虽然很多高校都设立了教学监督体制，但是监督的内容不明确，贯彻实施则流于形式。对教师教学和学生学风的监督一直是督导工作的重中之重，但是由于诸多原因，如缺乏明确的目标、评价指标和全面的督学内容，难免导致督导工作不彻底。而且督教工作多集中于课堂教与学的监督，而对技能与实践课程的教学很少涉及。同时，在实施过程中，督导作用中的“督”和“导”存在明显的本末倒置。“监督”的功能过大，而“指导”的作用则没有发挥出来。另外，针对高一级的教学管理工作也成了众多高校的软肋。高校的教育教学工作涉及学校管理运行的方方面面，是一个完整的有机体，因此单纯重教学的督导工作未免过于片面。督导工作应该涵盖学校办学方向、专业设置、教学管理、教学改革等方面，形成对高校教学无死角地监控。确保学院教学工作顺利开展，并向更好的方向发展。

四、评价标准不完善、反馈机制不合理

决定督导工作能发挥有效作用的条件之一是设立明确的评价标准。关于课堂督导，很多高校都有自己的评价标准，却没能很好地体现院校自身的特点。而且，对不同的课程和教师、学生主体也采用同样的评分表，缺乏针对性。对评价的反馈，很多高校也存在不少问题。一般来说，督导的评价先是反馈给学校的教学管理部门，然后是二级学院，最后才传达给个别教师。这

种反馈流程容易造成督导信息的丢失或失真。缺乏科学的评价标准和有效的反馈机制使督导的效用大打折扣。因此，建立严格的评价流程、标准及反馈机制，对保证评价的客观有效性发挥着至关重要的作用。

五、督导队伍建设不合理

根据我们的调查，大多数高校的督导队伍结构单一，教学经验丰富的退休教师占了绝大多数。不可否认，这样的督导人员对教学与教育事业有着很高的热情，愿意发挥余热，为学校的教学管理与监督贡献自己的力量，并向年轻教师无私地传授自己多年的教学经验。他们工作态度认真，时间充裕，评价客观，对学校的教学工作运作比较了解。但是，由于年龄关系以及这些教师身体和自身情况的突发状况较多，导致他们在体力和精力上略显不足，造成督导队伍流动性大，工作连续性差的状况出现。而且观念守旧也是离退休教师的常态。老教师经验丰富的背后难免存在教学思想、理念、方法滞后的问题。这种结构单一且趋于老龄化的队伍构成对学校教学工作的创新和发展存在阻碍。而且众所周知，教师上岗前需要有相应的教师资格和岗前培训。而据调查，很多高校还没有形成系统、专门、制度化的督导选拔机制。很多督导的选拔也比较随意，加之没有完善的培训机制，难免对督导工作的专业性构成很大的威胁。有的高校设立了督导交流的活动或者督导的例会，但是交流的频率与深度远远不够。各高校之间督导的交流也极度缺乏。

六、薪酬待遇相对偏低

针对个别督导的调研，我们发现，很多督导，一般具有正高职称或曾是院系领导，尤其是教学经验丰富的退休教师，工作态度相当认真，工作热情高涨。他们工作量大、院系多、专业多、班级多、课程门数多，督导工作能够很好地体现他们的价值，但是光靠热情是不够的，微薄的薪酬难以激发督导工作更高的积极性。

第二节　高等学校教学督导存在问题改进建议

结合普通院校的特点和我校实际情况，我们尝试性地提出建构普通高校教学督导体系与监控机制的建议，希望可以为形成一个能够保证和提高普通高校教学质量的监控机制提供参考，以保证普通高校的可持续发展。

一、在组织机构上，形成由传统的模式向发展型模式的转变

以往的督导部门多隶属于教务部门、其他职能部门或教学委员会。三种模式各有利弊，但是对真正促进教学水平的提高收效很小。因此，建议把教学督导与教学培训和提高结合起来。《教育部财政部关于"十二五"期间实施"高等学校本科教学质量与教学改革工程"的意见》提出："引导高等学校建立适合本校特色的教师教学发展中心，积极开展教师培训、教学改革、研究交流、质量评估、咨询服务等各项工作，提高本校中青年教师教学能力，满足教师个性化专业化发展和人才培养特色的需要。"《教育部关于批准实施"十二五"期间"高等学校本科教学质量与教学改革工程"2013 年建设项目的通知》中又明确提出："批准北京大学等 30 所高校实施建设教师教学发展示范中心建设项目，每个中心支持建设经费 100 万元"。虽然教学督导与教师培训看似不相干，但是他们目标却是一致的，都是力求提高教学的水平和人才培养的质量。按照教育部的相关文件，教师教学发展中心是未来高校的重要部门之一，如果能够有效地把教学督导与教师培训结合起来，就一定能提高教师的教学水平和人才培养质量。

二、由封闭的督导模式转变为开放性的督导模式

据调查，目前高校最常采用的督导模式是督教，即教学督导随机听课。这种方式虽然对教学有一定的促进作用，但在无形之中给被听课教师和学生造成了不必要的压力。而且，督教也止步于"督"，即检查教师的教学文档是否齐全，课程进行是否流畅，学生听课是否积极配合，仅此而已。对此建议

采用新的教学督导工作流程。在听课之前，督导组成员可以提前告知被听课教师，与其商议制订教学目标和方案。通过实际课堂听课，依据明确的评价标准进行教学的观摩并做出客观评价。最后，督导教师应把观察到的情况和问题如实地反馈给任课教师，与教师共同商议改进的措施，并确定下次听课的日程表，通过一段时间后的再次听课确保教师能够真正地改正问题，提高教学质量。这种行动的督教机制才是对教师最好的帮助。而且，督导的工作应该有随机性和针对性两种特点，既要随机选择教师开展工作，又要选择一些青年教师或者教学中存在问题的教师进行针对性地辅导。

三、建立灵活的评价标准

鉴于各高校情况和课程的差异，建议高校建立灵活、完善的督导评价标准。课堂督导评价标准、实习实践评价标准、试卷评析标准等应该是由标准化向协商式变化的过程。在评价的过程中，要充分听取各方的意见，经过交流和协商，共同建立合理的评价标准。不同的课程性质存在差异，不同的教师对教学也存在着不同的观点。因此，应该让教师充分参与到标准的制定工作中来，侧重评价标准的灵活性与多样性。

四、加强督导的校际交流与区域互动，形成跨校、跨区域督导联盟

目前各高校开展的教学督导范围仅限于校内或者二级学院内，视野狭隘，不利于发现自身的问题。而且高校督导人员固定，还存在着青黄不接的情况。如果能够形成督导的校际与区域联盟，必然能有效地拓宽督导工作的视野，丰富督导队伍，形成更加客观、公正的督导机制，有助于教学的交流互动，共同提高。另外，一些高校校区多，督导联盟可以缓解督导长途奔波之苦。督导联盟还可以促进学校教学工作的管理，有效扫除督导的盲区。建立信息共享的平台，借助互联网等信息手段建立平台，共享信息。信息的透明化和网络化有利于督导人员随时开展督导与交流工作。

五、实现多级督导的无间隙配合

由于学校规模日渐扩大，学校一级督导体制已显得捉襟见肘。要想更加深入地检查监督各院系的发展还需要由二级学院形成的二级督导机制进行有效的配合。一级与二级督导应该有明确的分工，这样才能实现无间隙的配合。建议校级教学督导开展全校的教学检查、指导、评比等工作，而院系督导组则主要负责本院的教学检查、指导等工作。在督教工作方面，一级督导组采取随机听课的方式，由于专业的限制，它主要监督教学的规范和学风建设。而由学院选拔出来的二级督导则从专业角度对教师的教学进行更加有针对性的监督和指导，注重教师的培训和发展。还应把青年教师作为监督的重点，必要时进行一帮一的行动监督。这种多级督导制度有利于督导发挥自身优势，从宏观和微观上更好地把握学校教学的现状，发现问题并解决问题。这样一来，多级督导制度才能从根本上给予教师专业的指导，真正保障教学工作进展顺利。这种分层次指导，无间隙配合的多级督导机制值得推荐。

六、建立完善的督导选拔招募培训机制

目前，督导人员的选拔并无统一的标准，现存的标准也过于笼统。科学的选拔机制和专业的培训也更是没有形成常态。据文献调查显示，我国高等院校教学督导一般由六类身份构成，分别为：离退休人员、教学带头人、专家教授、教学名师、管理人员和学生代表。各个群体的督导人员存在着自身的优势和劣势。如何从这些人群中合理地选拔督导成员并把握成员的比例，充分考虑权衡督导人员的年龄、专业、学历等信息是保证督导工作顺利有序进行的重要因素。另外，根据学校自身的情况和办学特色，充分发挥每一类督导人员的优势，同时最大限度地减少其自身的劣势，是目前督导队伍建设的重中之重。学校应该树立严格的选拔标准和机制，通过公开透明的方式招募督导人员，并按照学校自身情况，合理安排人员的比例，根据需要适时调整。另外，合理的交流和培训也是十分必要的。高校和各级教育行政部门应该为督导人员提供更多的培训机会，提高督导人员的基本素质和督导工作的能力。

第三节 某高校教学质量督导监控存在问题与改进措施实证分析

一、质量保障制度落实不到位

（一）问题表现

学校重视质量保障制度建设，管理文件齐全，但仍存在部分制度落实不到位、执行不彻底的情况，影响了教学管理工作的推进和效果。

（二）原因分析

宣传解读不到位。对出台的新规定的宣传、学习、解读、培训不到位，使相关单位和人员对规定的理解出现偏差，从而影响了制度的落实与执行。

落实意识不强。制度落实意识较弱，导致执行力容易出现不到位现象。如重任务布置、轻过程检查，在执行过程中缺少相关指导和督促。个别教学工作检查得不彻底，缺少相关评价，反馈不够及时。

执行者和监督者同为一体。教务处作为教学管理的执行机构，同时又承担教学质量监控的任务，这种既是“运动员”又是“裁判员”的职能处室设置，不利于对教学工作的监督、整改和检查，造成个别教学管理制度落实、执行不到位。

（三）改进措施

广泛征求意见，科学制定制度。在出台制度或规定前进行多渠道、广泛征求意见，对征求来的意见和建议进行研究分析，积极采纳合理化建议。

牢固树立责任意识。一是要不断提高自身素质，二是要明确落实责任。三是要真抓落实。采取“一级抓一级、层层抓落实”的工作思路，部门负责人分配更为具体的工作任务给责任人，对执行中的事故责任和问题，责任人和负责人都要承担相关后果。四是要加强过程的跟踪，从根本上保证制度落实和执行。

加强宣传和检查指导。对新规定要多形式、多渠道地进行宣传、解读和培训，让学校的新规定、新举措深入人心，使教学单位、相关处室的每个人明确自己的工作目标、任务和职责。要加强落实和执行过程中的检查与指导，及时发现问题和解决问题。制度要奖罚分明，执行制度要公平、公正、公开。

独立设置教学质量监督机构。将质量监督职能从教务处剥离出去，改变教务处目前既是执行者又是监督者的尴尬局面，有效增强制度的执行力。

二、教学质量标准尚不完善

（一）问题表现

教学质量标准大都以规章制度、操作规程和管理办法的形式出现，约束性要求较多，缺乏具体的可执行标准，操作性不强，特色不够鲜明，与应用型大学建设和人才培养定位结合不够紧密，存在重制定轻落实现象。

（二）原因分析

质量标准意识不强。国家专业建设标准尚未正式颁布，相关教学质量标准尚未明确，现处在执行管理办法与执行标准的磨合时期，缺乏制定质量标准积极性，尚未形成完整的教学质量标准。

与应用型大学建设结合不够紧密。2015 年我校被列为国家 100 所应用型大学建设试点学校，积极开展应用型人才培养。相应的教学质量要求标准和管理制度尚未全面修订和衔接，与教学实际需要结合还不够紧密，与校企合作产教融合以及区域经济社会发展需要存在一定差距。

质量标准的特色性、可操作性有待于加强。教学管理部门为了满足应用型大学建设和教学管理需要，虽然也出台了一系列质量标准，但是，与教学实际需要尚有一定差距，这些标准涵盖不够全面，特色不够鲜明，内容还需完善，操作还需规范，执行不够严格，修订还不够及时。学校根据教学实际需要不断加强制度建设，组织力量进行质量标准修订和完善工作。但是，由于应用型大学转型发展和专业综合改革不断推进，造成新的质量标准的制定工作和对原有标准的修订工作未能及时跟进；由于宣传不够广泛，造成广大教师对质量标准的认知度和熟悉度不够深入，未引起足够重视，执行过程不够严格的现象还不同程度存在。

（三）改进措施

加强质量标准意识宣传，树立严格质量标准意识。进一步加强质量意识、标准意识宣传工作，认真学习教育部关于专业建设标准等规范性文件和学校相关教学质量标准制度，在广大教职员工中全面树立教学质量标准意识，在教学活动中严格执行质量标准。

适应应用型大学建设需要，对接行业产业质量标准。紧紧围绕应用型大学建设转型发展要求，紧密契合区域经济社会发展需要，对接行业产业质量标准体系，根据学校办学定位，制定符合社会经济发展和用人单位需求以及学生成长的人才培养质量标准。并根据人才培养需求变化，不断调整和提高质量标准，以适应区域经济社会发展和社会需要。

完善质量标准体系建设，凸显质量标准特色。进一步加强教学质量标准建设，全面梳理现有的质量标准，对照专业建设、课程建设、课程教学、教学研究及教学评价，查漏补缺，与时俱进，及时修订完善质量标准体系。加强质量标准体系研究，适应应用型大学建设需要，深化质量标准内涵建设，构建应用型大学建设特色突出，学校传统特征明显的教学质量标准。不断拓宽质量标准建设领域，提高质量标准覆盖面。

健全质量标准评价机制，严格执行质量标准，实行质量标准评价机制。在不断提高质量标准应用性、实效性和可操作性的基础上，加强评价机制建设，加大质量标准的宣传培训工作，提高全校教师对标准的认知度、认同度、重视度，加强教学督导、教务处、各职能部门及教学部门的联动，强化质量标准的监督和考评机制。明确各个环节质量标准的责任人、执行人和监督人职责和要求，进一步加强执行力度和监督力度，严格执行质量标准。

三、教学质量信息收集、分析与利用不充分

（一）问题表现

教学质量信息是反映学校办学状况的核心信息，也是影响学校教育教学

工作决策和改革的重要依据。但数据信息收集、分析与利用还不够充分。信息采集不够完整、准确和有效，分析处理环节频数性、描述性统计多，分析性、推断性统计少，缺少大数据分析思维理念，不能及时发现深层次问题，进一步利用空间还很大。

（二）原因分析

教学质量信息收集不充分。学校质量信息收集项目主要依据上级报表要求而定，自我需求的信息项目设计不多。在信息搜集过程中主要依靠基层信息员提供，信息员大多属于兼职，人员素质构成差异性大，缺乏相应的教育学、统计学和数据分析能力，加上缺少工作培训和有效指导，缺乏统一的组织协调，信息收集的范围、力度和有效性等方面均受到影响，使得信息收集不够充分。

教学质量数据分析能力不足。各单位信息采集和管理人员大多缺乏数据统计分析能力，只是对收集的数据信息做简单的统计，未能进行深入的科学研究和系统分析，不能有效利用信息数据。

教学质量信息利用不充分。各单位和学校管理部门主要是为完成教育部本科教学基本状态数据库填报而被动进行教学质量信息的收集、整理和上报工作。缺乏对相关数据信息进行分析研究的主动性，更谈不上能够全面应用到实际工作中来。加上收集的相关数据未能全部及时反馈到相关部门和个人，也直接影响到信息利用率。学校在教学质量信息工作中也存在收集不够完整，分析不够全面，提炼不够到位，应用不够充分的现象，未能发挥出教学质量信息在教学管理中的最大作用和效应。

（三）改进措施

制定数据信息收集规范，提高采集效率。加强领导，提高对数据信息收集工作的重视程度，增强工作人员数据信息的质量意识，明确数据采集、整理、提交、保存的基本规范。采用技术手段，提高对毕业生相关数据收集工作的完整性和准确性，确保所收集的数据客观、准确、全面、安全，提高采集效率。

加强信息管理人员培训，提高工作能力。加强各单位之间的管理协调和信息管理人员的培训工作，引进教育学、统计学、教育测量学及数据分析方向等专门人才。或对现有人员进行专门培训，使其具备相关专业知识，熟练掌握平台使用的基本要领，具有适应数据采集工作的业务能力，以适应数据采集工作的顺利开展。

深化数据信息研究分析，提高利用效益。培养工作人员大数据思维和分析处理能力以及教学质量信息的深层次分析的能力。加强教学质量数据信息的研究分析工作，集中力量进行数据信息的集成研究，把握数据指标内涵，提炼数据信息的应用价值，充分利用数据研究成果服务教学，推进教育教学改革。加强对各类信息系统的统筹协调管理工作，推进教学质量信息与教学基本状态库的有效衔接，开放相关数据信息，便于全校师生更加合理、有效和便捷使用。提高数据信息处理反馈能力，及时发布教学质量信息，加强教学质量监控，做好专家咨询、信息共享和服务工作，提高信息利用效益。

四、教学质量监控机构设置不合理

（一）问题表现

目前，学校没有设置独立教学运行管理部门之外的教学质量监控部门，教学质量监控机构只是教务处下辖的一个科室，其质量监控更多的是针对二级院（系、部），对教学主管部门教务处自身的监控缺乏独立性。机构人员数量、知识储备不足，难以做好对全校的教学质量监控工作。

（二）原因分析

组织力度不够。学校现有的教学质量监控管理单位为教务处下辖的教学质量监控科。它只是一个科级单位，组织全校的教学质量监控管理工作力度明显不够，话语权和影响力也显不够，未能形成强大的威慑力和教学质量建设引领作用。

身份作用不明。由于没有设置独立的教学质量监控机构，教学质量监控职责由教务处履行，形成教务处既是教学质量监控组织实施单位，又是教学质量的组织评价单位，教务处处于既是“运动员”又是“裁判员”的尴尬地位。

人员不足。学校层面质量监控队伍的专职管理只有 2 人，质量管理力量明显不足，同时专业素质也不够高，缺少教育评估方面的专业人才，难以有效开展好相关工作。二级学院层面还没有配备专职的教学质量监控人员，尚未明确教学质量监控的职能归属。

（三）改进措施

成立教学质量保障与监控中心。根据工作需要，设置独立的处级监控机构，成立教学质量保障与监控中心，负责统筹协调组织全校教学督导、质量监控和教学评价等工作。从根本上将制度执行者和监督者分开，将质量监督职能从教务处剥离出去，使教务处摆脱既是执行者又是监督者的双重身份，从而有效增强制度的执行力。形成教务处全心全意做好教学管理和服务工作，质量保障与监控中心一心一意做好监督评价工作。

扩大监控督导员队伍。配备精干得力的专职管理人员，加强专业务实的督导队伍建设。通过聘请在职人员担任督导组成员，建立健全院级教学督导队伍，强化院级质量监控。扩大学生教学信息员队伍，进一步完善教学质量保障与监控机构。

加强质量监控人员的学习和培训。加强校院两级教学质量监控队伍的质量建设，进行系统的教育理论和业务培训，邀请相关专家到校作报告，或分批选派质量监控人员参加教学管理方面的短期培训和相关会议，组织人员到教学管理成效突出的学校进行实地考察和交流，不断提升教学管理队伍的专业化水平，提升专业素质与业务能力，提高教学质量监控与评估的水平。

第六章“三级三方”六位一体督导监控反馈机制的科学构建

第一节　教学质量保障体系的构建

人才培养是高等学校的根本任务，提高人才培养质量的重点是提高教学质量，作为高等学校的员工，特别是管理者和一线教师要对学生及家长、学校和用人单位的三者间的关系，尤其是要求学校的主要职责有一个清楚的认识，明确学校应该说的是不是说了？说了的是不是做了？做了的是不是有效？无效的是不是改了等等，从下图可以大致看出彼此间的逻辑关系，见图 6-1。

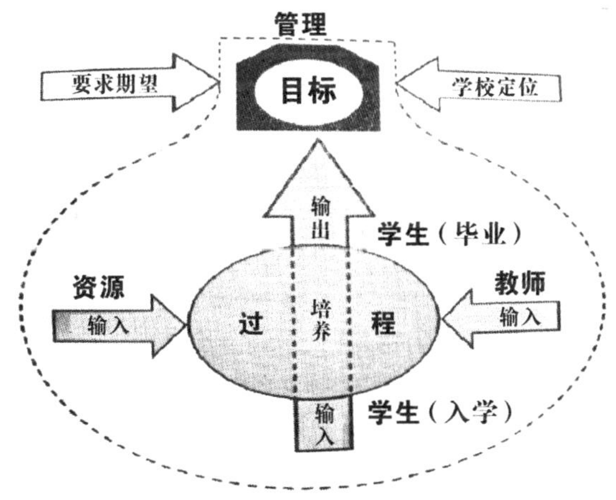

图 6-1 高校学生培养过程关系图

高等学校都要高度重视教学质量保障体系的建设，依据国家高等教育相关质量要求和有关行业专业标准，根据学校办学定位和人才培养标准，制定涉及专业、课程、教学及评价全流程的质量标准，建构涵盖招生、培养、就业全过程的质量保障体系和运行反馈调节机制，质量监控信息获取及时，统计分析结果反馈到位。

围绕学校办学定位和应用型人才培养目标，遵循以“学生为本、标准为矩、监控反馈、改进提升”的质量保障理念，构建从学生入学到毕业全程的部门联动、二级管理的教学质量保障体系，见图 6-2。

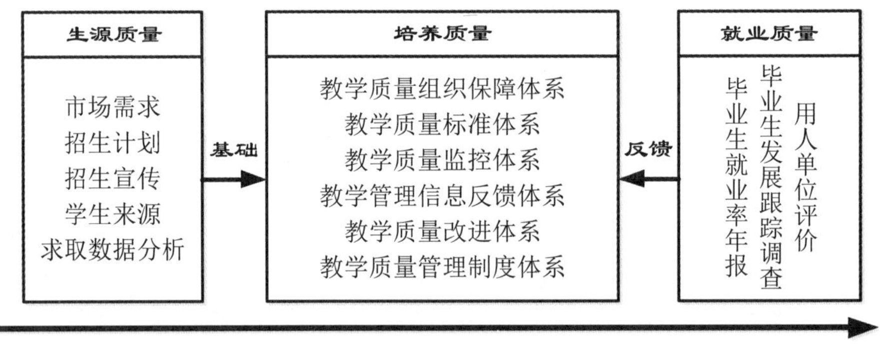

图 6-2 全程教学质量保障体系

一、贯穿招生—培养—就业全程教学质量保证体系

确立以教学为中心的主导地位，招生、教育过程、就业指导工作服务学生成长成才，校、院（系、部）二级管理为主体，全程联动的高校人才培养模式。第一，调研人才社会需求，适时调整学校专业设置，通过多形式、多渠道招生宣传，科学编制年度招生计划，吸引优质生源。第二，通过对学生家长的调查、毕业生跟踪调查、用人单位评价，以及召开校外专家、行业企业代表参与的各专业指导委员会会议等形式，对专业培养方案修订、课程体系设置、教学模式改革、实践教学创新等提供改革思路和依据，不断改进和优化教学培养进程。第三，根据招生、专业流转、就业、教学运行的数据分析和反馈，优化学生培养环节，实现各部门全员参与、全程联动，在专业布局、教学条件、师资条件、校企合作、质量保障等方面全方位提升培养质量。

二、教学质量标准保障体系

学校重视教学质量标准建设，经过探索、实践，制定出符合学校实际的一套教学质量标准，形成了《教学管理文件汇编》，对学校教学质量涉及的专业人才培养、专业建设、课程建设、教学条件建设、教学质量评价等方面进行规范，作为全校教学质量保障的总纲领。

（1）学科建设标准。根据学校办学定位和发展战略，制定了学科建设标准，提出了各学科的建设要求，宏观统领学校教学、科研和师资队伍建设等。

（2）专业建设标准。根据教育部制定的《普通高等学校本科专业目录》，结合我校办学层次与特点，通过专业质量标准建设与落实，明确各专业的内涵、学科基础、人才培养方向；明确专业范围、培养目标、培养规格、师资队伍、教学条件和质量保障体系建设要求，同时，明确专业的基本办学条件、基本信息资源、教学经费投入等要求。

为保障专业建设的质量，学校制定了《本科专业评估方案（试行）》专业评估制度，其中，评估一级指标 8 项，二级指标 30 项，通过专业评估或引入第三方评价机制，依据评估结论，确定专业发展规划和整体布局，评估结果作为专业调整的重要依据。

在专业建设实施方面，确立了以专业带头人为核心的专业建设模式，学校制定了《专业带头人选聘及管理办法》，每个本科专业设一名专业带头人，在学校层面设置专业建设总带头人。专业带头人经选聘产生，负责制订相应专业的建设与发展规划，负责其人才培养方案的制订并指导实施工作。为进一步保障专业建设和培养方案的质量，从 2017 年 5 月开始在各专业成立了专业建设与教学指导委员会，其组成由校内、外专家、校外一线岗位专家、往届毕业生组成，充分发挥专家组织在专业建设方面的研究和指导作用，加强专业建设决策的科学化和民主化，规范学校各本科专业建设工作的宏观管理和分类指导，进一步提高了专业建设的质量。

（3）课程建设标准。学校制定了《课程建设与管理办法》《公共选修课程管理规定》《课程考核管理规定》《学年学分制实施办法》《“理实一体化”课程教学模式实施办法》《校企合作课程管理办法》《课程考试管理规定》等一系列管理文件，对培养方案、教学大纲、开课条件、选修课、教案、作业考核、学生成绩考核、教学检查与考评、教学档案等教学的各环节制定了标准。

（4）教学条件保障标准。学校出台了《实验教学管理规定》《教学仪器设备维修管理实施办法》《实验中心（室）工作规程》《实验中心（室）安全管理规定》《实践教学基地建设与管理暂行规定》《深化创新创业教育实施方案》《校外教学基地管理办法》的管理文件，规范实验室、实验中心教学运行管理、安全管理，发挥校内、外实践教学基地功能，保障学生培养过程中实验教学、实践教学、第二课堂、学科竞赛、创新创业、实习实训、毕业设计等教学硬件条件。同时学校也重视教学软条件的建设，包括教务管理系统、图书馆、数字化资源、精品课及网络教学平台。

（5）专业人才培养质量标准。学校制定了《人才培养方案指导意见》，根据学校办学定位和社会发展实际需求，适时调整专业结构、修订人才培养方案，对培养目标、课程体系与结构、教学环节等方面进行调整，培养适应社会需要的应用型人才，在学生的出口方面。采取“2421”控制模式，即：2(毕业双证制）指：毕业证、职业资格证；4（学位获得四证制）指：普通话、计算机、英语 4 级或 6 级、体育达标；2（就业深造两率）指：考研率、就业率；1 创新创业（大学生学科竞赛、大学生创业创新活动的参与）。

（6）教学运行标准。出台《教学工作规程》《实验教学管理规定》《实验中心（室）工作规程》《实践教学基地建设与管理暂行规定》《本科毕业论文（设计）工作条例》等文件，规范了日常教学、实验实习教学、毕业设计等教学环节。

（7）教学质量评价标准，学校制定了《教师教学质量评价学生评教办法》，将培养方案中全部课程均纳入评价范围，针对不同学科特征使用不同评价标准的措施。详细规定了教学质量评价涵盖的范围、采取的方式、评价指标和量化计分标准。包括学生评教、同行评价、领导评价、督导评价等各方主观量化评价。量化结果作为评选教学骨干、教学名师及教师专业技术职务晋升的重要依据。

三、基于质量标准，构建六维内部教学质量保障体系

从组织保障、质量标准、质量监控、信息反馈、质量改进、管理制度六个维度构建内部教学质量保障体系。以办学定位和专业人才培养目标为中心

地位，六个维度的子系统相互作用，发挥各自功能，形成一个闭环，共同保证培养质量的过程控制，见图 6-3。

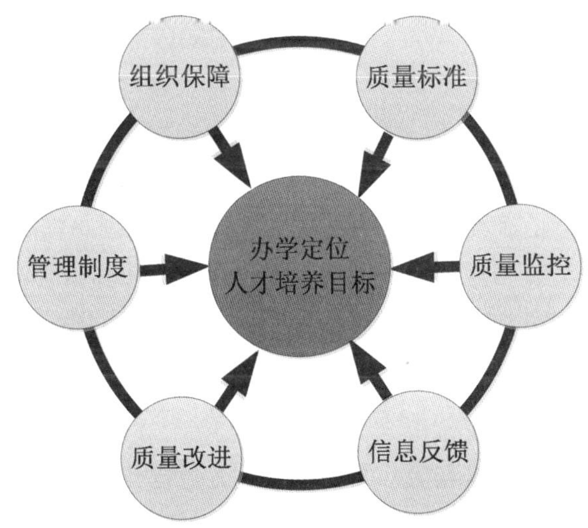

图 6-3 六维内部教学质量保障体系

四、教学质量组织保障体系

（一）职责分明，实行校院两级管理

依据质量保障要求，实行学校、二级院（系、部）两级教学管理组织架构。

学校依法成立了学术委员会、教学工作委员会、学位评定委员会，行使学术、教学、学位等事务的决策、审议、评定和咨询等职权。教务处作为教学管理职能部门，负责制定教学管理制度、维持日常教学运行、开展课程与专业评估等教学运行与管理工作。设有教学质量监控科统管学生评教、教师评学、教学督导等工作。

各二级院（系、部）根据授权分别成立了学术、教学、学位分委员会，在本院范围内行使相应职权。有专职教学秘书统筹本院教学运行工作，成立了院系教学督导组负责本院系教学督导检查工作。一些学院还根据教学质量管理需要设立了一些临时性的机构，如“三风”建设领导小组等。

（二）立规树矩，完善教学管理制度

为了规范管理，做到有规可依，有矩可循，学校制（修）定了56个教学管理文件，编印了《教学管理文件汇编》，出版了《教学管理流程汇编》，形成了较为完善的制度体系。初步形成了管理者、教师、督导听课制度；领导评价、同行评价、督导评价、学生评价四维教学质量评价制度；期初、期中、期末三期教学质量检查制度；教学工作委员会、教学督导工作委员会、学生信息员工作会、院长（系、部主任）办公会、教学部例会制度；校、院（系、部）二级的教学督导制度；专业评估、课程评估、实验室评估等专项评估制度；整改反馈通知单制度；精品课程、重点课程评选制度；专业带头人、教学骨干、优秀教学奖、教学成果奖评选制度。

五、根据质量管理需要，组建三支质量管理队伍

（一）教学管理队伍

学校现有校、院教学管理人员49人，分管教学校领导1人，教务处正副处长3人，教务处其他工作人员19人；院（系部）分管教学副院长（副主任）18人，教学管理工作人员18人。教学管理队伍中具有高级职称人员28人，硕士及以上学位人员34人，45岁以下人员20人，形成了一支素质精良、结构合理的教学管理工作队伍。

（二）教学督导队伍

学校分校区组建了由10名退休专家教授组成的校级教学督导组；各二级教学单位分别组建了由在职单位领导牵头、教学骨干教师组成的院系督导组，二级教学督导人员总数为94人。

（三）学生信息员队伍

以班级为单位，学校每学年从新生中遴选1名学生信息员，负责本班级课程教学运行、管理及相关信息反馈工作，按要求向教务处报告反映。涉及课程设置、日常教学秩序、教师课堂教学、教材选用、教学设施、学习环境、

后勤管理、图书馆管理、校园网络等方方面面，见图 6-4。

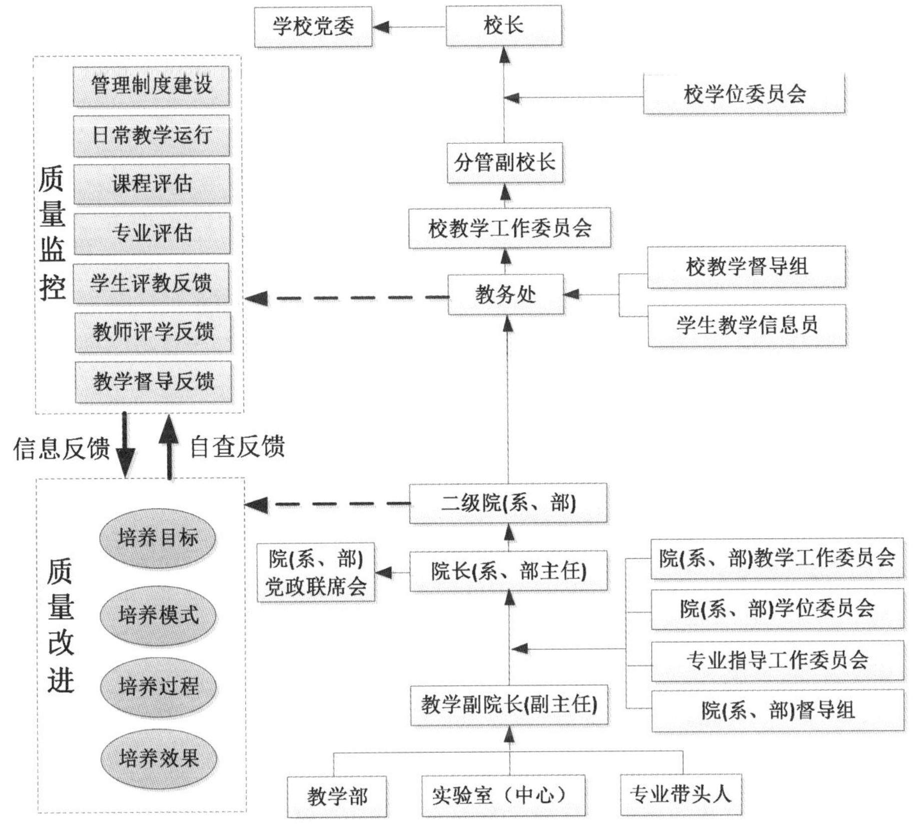

图 6-4 校、院（系、部）二级教学质量组织保障体系

第二节　教学质量监控体系

一、日常监控与专项评估相结合，贯穿人才培养全过程

（一）日常教学监控

学校实施"多层次"听课制度，坚持"一主线、三段式"教学检查，实

施“六位一体”的评价与反馈机制，保障学校正常教学秩序，不断提高教学质量。

（1）“多层次”听课制度。校级党政领导、职能部门领导每人每学期听课 4 次以上，二级教学单位领导以及教学部主任、专业带头人、二级院系督导组人员每人每学期听课 6 次以上；校级督导专家每人每周听课至少 2 次。根据统计，近三年累计听课 6611 节次，听课中发现的问题及时与教师进行交流反馈。

（2）“一主线、三段式”教学检查。“一主线”即基于本科教学全过程的质量监控主线，“三段式”即在期初、期中、期末进行的，涉及教学秩序、教学大纲、授课计划、教学内容、教学进度、实践教学、毕业设计（论文）等工作全程的教学检查。

（3）监控平台实时监控。学校升级了三个校区多媒体教室监控系统，设置了中央屏幕，在监控室及督导办公室均可观察到各个教室的教学动态，对教学过程进行实时监控，提高了工作效率，取得了良好的监督效果。

（二）专项评估

近三年学校实施了二级院（系）教学评估、专业评估、课程评估三级专项评估制度，采取学院自评与学校审核评估相结合的方式，对全校非新上专业的本科专业及其主要课程进行系统评估，形成评估报告，旨在通过评估实现自我检验和自我改进。

（1）教学评估。依据《院（系、部）教学工作量化考核与评价实施办法》文件精神，开展二级院（系）教学工作质量自评与学校评估工作。

（2）专业评估。依据学校本科专业评估方案相关文件精神，结合我校转型发展与应用型大学建设，对我校所有本科专业按七项指标进行专业自评。评估结果用于我校转型发展和筹建海洋大学过程中的专业调整和新专业建设工作。

（3）课程评估。依据《课程建设与管理办法》，组织对合格课程、重点课程及精品课程进行建设评估。依据《教学工作规程》《课程考核管理规定》《本科毕业论文（设计）工作条例》等文件精神，对全校本科专业的主要课程进行系统评估。尤其在课程大纲、教学计划、教学过程、教学效果以及实践教学和毕业论文等方面每学期都进行检查，保障课程教学质量的高标准。

二、要素监控与行为转变相结合，实现监控效果最大化

围绕教师教与学生学实施要素监控，促进教师教学行为的转变。建立了学生评教制度、教师评学制度、教学督导简报制度、整改通知单制度和教学事故认定与处理制度，实现监控效果最大化。

（一）质量监控措施

（1）学生评教。全校学生每学期期末考试前利用教务管理系统进行一次网上评教，对本学期所有任课教师、所开课程进行评价。并规定学生不参加评教活动则不能查询成绩和参与下学期的选课，保证学生参与率及教师被参评率。

（2）教师评学。为进一步完善我校教学质量监控反馈体系，学校2017年制定了《教师评学办法》，建立了教师评学制度，通过教师评学活动，及时了解教学过程中学生的学习状况，班风、考风情况为教师教学改革提供必要的参考，以便制订整改方案，促进师生共同发展。教师评学结果成为加强学风建设、完善管理机制、提升管理水平的重要参考依据。

（3）教学督导工作简报。根据学校教学督导组督导巡课、听课发现的问题和学生教学信息员周报表、月报表提供的信息资料，不定期编制《教学督导工作简报》，并及时报送和反馈给校级领导、职能部门及各二级院（系、部）。部分二级院（系、部）教学督导组根据督导工作实际也编制了教学督导简报。通过以上措施，及时反映教学督导情况，对保障教学秩序、提高教学质量起到了积极的作用。

（4）整改反馈通知单。对在教学督查或日常检查过程中发现的问题，教务处以《教学督导信息反馈与整改通知单》的形式及时通知二级教学单位主管领导或有关部门，经相关单位核实填写整改措施后一周内反馈给教务处，并限期整改，督导组不定期地对整改情况进行检查。近三年共发放整改通知书50份，各院（系、部）和相关部门对此项工作都给予了高度重视，做到了信息处理及时、反馈整改到位。

（5）教学事故认定和处理。学校制定了《教学事故认定与处理暂行办法》，对违反教学工作条例，影响正常教学秩序，在教学过程中出现失误或过

错的教师，严格按规定处理。近年来共有 6 名教师受到不同程度的处理。

（二）质量监控与评估实施效果

（1）教学中心地位进一步巩固。通过一个质量标准体系、六维质量保障体系、两级组织制度、三支质量管理队伍建设，进一步明确了本科教学质量标准体系，建立了完善的教学管理组织体系，有力地促进了学校人才培养目标的达成。同时，学校领导定期听取督导组反馈意见，依据督导组反馈的问题，召开专题会议，落实整改措施；各二级教学单位建立行政领导与督导组成员定期沟通制度，及时研究督导组的反馈意见，不断改进教学工作，教学工作中心地位得到有效落实。

（2）全员质量意识进一步强化。通过实施全程、全员、全要素的教学质量管理，落实多层次听课制度，营造了全员参与教学、全员关心教学、全员支持教学的浓厚校园氛围。通过学生评教、教师评学、严肃教学事故处理、严格考试管理等措施，进一步增强了师生员工的质量意识。

（3）教师教学行为进一步规范。学校通过开展师德师风建设、教学思想观念大讨论，实行领导听课、督导听课、学生评教制度，落实教学质量评优、教学事故认定与处理、职称评审实行教学质量一票否决等激励与惩戒制度，督促教师全面总结反思，不断学习进取，教师教学行为得到进一步规范。

（4）学生主体地位进一步强化。一方面教学中心地位的巩固和全员质量意识的提升必然强化学生的主体地位，另一方面通过建立学生评教、教学信息员制度，使学生成为教学质量监控体系的主体之一，提升了学生的责任意识，促进了优良学风的形成。

第三节　质量保证体系运转的基本方式

一、运转方式的基本理论

计划（Plan）—实施（Do）—检查（Check）—处理（Act）简称 PDCA 循环。PDCA 循环是质量保证体系运转的基本方式，它反映了质量保证系运转所应遵循的科学程序。PDCA 循环包括四个阶段、八个步骤。

第一阶段是计划。它包括分析现状，找出存在问题的原因；分析产生质量问题的原因；找出主要原因；制订措施计划等四个步骤。

第二阶段是实施。即执行贯彻计划和措施。这是管理循环的第五个步骤。

第三阶段是检查。即把实际工作结果与预期目标进行对比，检查计划执行情况，这是管理循环的第六个步骤。

第四阶段是总结和处理。它包括两部分内容：一是总结经验教训，巩固成绩，处理差错；二是把未解决的遗留问题转入下一个管理循环，作为下一个阶段的计划目标。这是管理循环的第七、八个步骤，见图 6-5、图 6-6。

PDCA 循环具有以下两个特点：

（1）大环套小环，一环扣一环，推动大循环，见图 6-7。

（2）管理循环每转动一周就提高一步，见图 6-8。

二、建立和健全质量保证体系

建立和健全质量保证体系是质量管理深入发展的重要标志，是保证全面质量管理取得长期稳定效果、巩固和扩大管理成果的关键。因此，要抓好以下几个方面工作：

（1）制订明确的质量方针目标、质量计划和质量标准；在高等学校包括课程标准、考核标准、教学规程标准、评价标准等。

（2）制定严格的质量责任制；即责任到部门，责任到岗位，责任到人。

（3）建立专职的质量管理机构；高校要建立质量监控中心或质量保障中心。

（4）建立高效灵敏的质量信息反馈系统；包括机构系统和管理人员系统，甚至包括现代技术的监控网络系统。

（5）做到管理业务标准化和管理流程程序化。

（6）开展群众性的全员质量管理活动。

（7）组织第三方评价质量保证活动。

三、PDCA 管理循环的工作程序图解

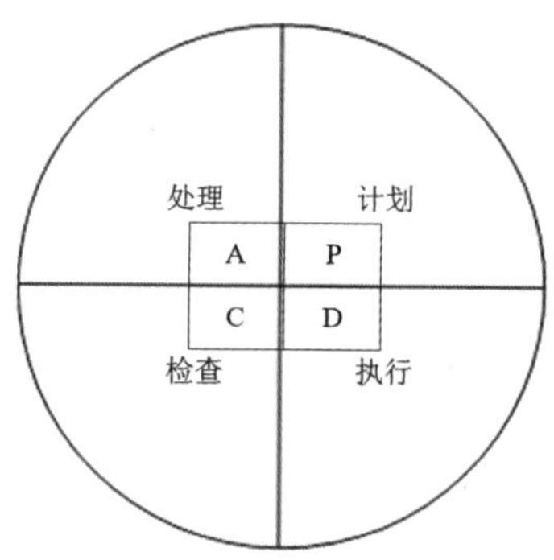

图 6-5 PDCA 循环示意图

图 6-6 八个步骤示意图

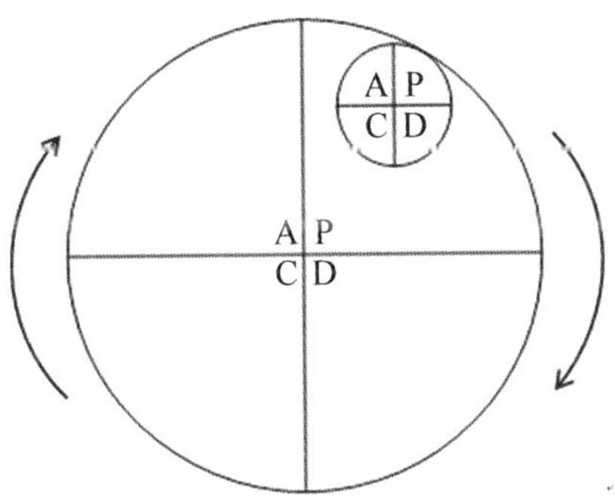

图 6-7 大环套小环示意图

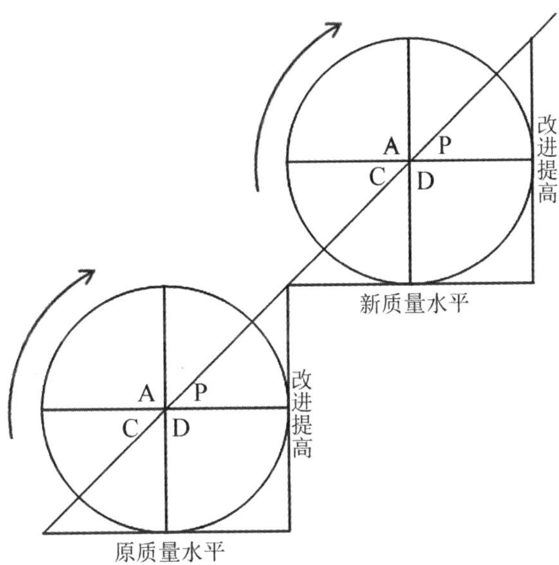

图 6-8 循环上升图

第三节 “三级三方”六位一体教学督导监控反馈体系的构建

一、“三级三方”的基本含义

“三级三方”六位一体教学督导监控反馈体系是学校经过多年的教学管理与实践逐渐提炼升华而成的具有本校特色的一种质量监控督导模式。“三级”是指其负责全校范围教学督导工作的校级督导组、负责院（系、部）二级教学单位教学督导工作的院（系、部）督导组以及由每个班学生组成的教学信息员队伍。“三方”是指学生输送方——家长、社会需求方——用人单位和接受教育方——学生，见图 6-9。

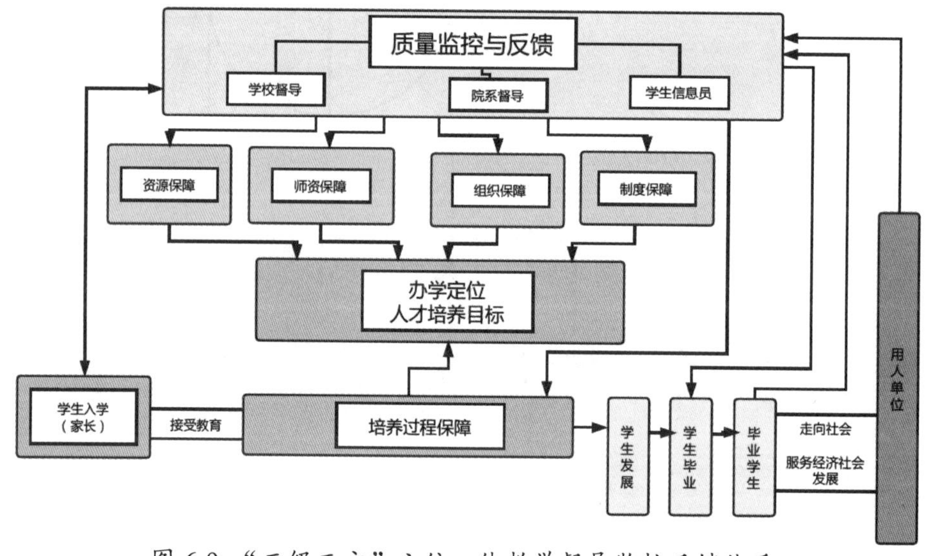

图 6-9 “三级三方”六位一体教学督导监控反馈体系

二、“三级”的主要职责

（一）某校督导组的职责

1. 对全校教学过程的各个环节和教学管理行使检查、指导、监督、咨询、信息反馈等职能。

2. 督查、指导各院（系、部）教学督导组工作的开展情况，督查实施办法和制度落实情况。

3. 督查各院（系、部）教学工作情况，以及对学校教学工作相关管理规定、规章制度等的落实情况。

4. 根据需要，可以召集各院（系、部）教学督导组会议。

5. 教师及相关部门对教学督导组提出的评价结果有不同意见时，由教学督导委员会进行仲裁。

6. 对教务处教学管理工作进行督导，随时提出建设性意见和建议。

7. 结合学校教学工作安排，进行常规性或专项性教学检查。

8. 编辑、发放《教学督导工作简报》。

9. 教学督导委员会每学期向学校主管教学领导、教务处提交督导工作报告。

（二）某院（系、部）督导组的职责

1. 督查本院教学工作情况，以及对学校教学工作相关管理规定、规章制度等的落实情况。

2. 接受学校教学督导委员会的监督、检查、指导，及时向学校教学督导委员会以及有关部门提供督导工作中发现的问题及相关信息。

3. 除督导职责外，教学督导组也是学院各项工作管理的咨询、调研、智囊、搜集意见建议以及信息反馈的机构。

4. 教学督导组工作的主要任务：

（1）全面普查。对被列入本院培养方案的全部教学任务，每学期要进行一次全面系统普查。每学期可以确定普查的重点内容 2 ～ 3 项。

（2）综合评价。对本院所有教师教学情况，每学期要给予定量综合评价（可采用百分制）；对给本院学生授课的其他系（院）的教师，每学期要给予定性综合评价（可采用五级满意度评价）。

（3）重点检查。对学校学期评教前 10% 和后 10% 的教师，进行鉴定性或诊断性听课，并提出综合评价意见。

5. 信息报告。对本院的教学情况随时向教学工作委员会及主管院长进行信息反馈，并做出学期内综合评价与建议，提交教学工作委员会。必要时可同时向学校教学督导委员会、学校教学工作委员会、教务处反馈信息及提交综合报告。

6. 教学督导组检查、督导的对象包括本院所有教师、本院所有学生、给本院学生授课的其他系（院）的教师、其他相关人员。

7. 教学督导组检查、督导的范围包括教学秩序、教学效果、理论教学、实验教学、实践教学、教学管理、其他相关工作。

8. 教师及相关部门对教学督导组提出的评价结果有不同意见时，由教学工作委员会进行仲裁。仲裁无结果者，报学校教学督导委员会仲裁。

9. 每学期向教学主管院长提交督导工作报告。

（三）学生教学信息员职责

1. 公正客观地收集学生对任课教师在教学过程各环节的意见和建议。

2. 真实反映教师在授课过程中的情况、效果和调课、停课、不按课表行课、不按时上下课方面的信息。

3. 真实反映学生对教学活动安排、教学管理、计划执行、专业与课程设置以及教风建设、学风建设、考风建设等方面的意见和建议。

4. 按时参加教务处组织的工作会议及相关活动。

5. 定期认真填写并报送相关报表，及时反馈教学信息。

6. 及时向所在院（系）、班级、同学反馈学校教学管理部门对所反映情况的处理意见。

7. 经常听取、收集所在班级学生对学校教学及教学管理工作各个层面的意见和建议，并通过书面、电子邮件等方式及时向主管部门反映。对教学过程中发生的重大问题，第一时间反馈上报。

8. 协助组织网上评教工作，努力提高班级同学评教质量。

9. 积极参加学校组织的相关活动。

三、"三方"对学校的希望和反馈意见

(一)学生输送方——家长对学校的希望和意见反馈

学生输送方——家长调查问卷

尊敬的家长您好!

您的孩子正在我校读书,为了加强我校各方面的建设,共同将您的孩子培养成才,让家长了解学校,了解孩子在学校的学习生活情况,办好让家长满意的教育,特向您发出本调查问卷,希望得到您的配合,我们保证对了解的情况和材料保密。

您孩子所在学校

1. 您孩子在我校所在学院、所学专业?__________

2. 您孩子现读年级?

①大一 ②大二 ③大三 ④大四

3. 您孩子当年报考我校的原因?

①教学质量好 ②地理位置好 ③受同事影响 ④受同学影响

⑤受父母影响 ⑥有亲属在本校毕业 ⑦受媒体宣传影响

⑧受我校社会声誉影响

4. 您孩子每学期是否主动向你汇报学习情况?

①主动 ②不问不说 ③问也不说 ④多问则烦

5. 与父母联系的频率?

①一周多次 ②一周一次 ③一月一次 ④若干月一次

⑤不主动打电话不联系

6. 与父母联系时谁主动?

①孩子主动 ②父母主动 ③差不多

7. 每次打电话的时长?

①5分钟以内 ②5～15分钟 ③15～30分钟 ④30分钟以上

⑤短信

8. 打电话给父母的原因?

①要生活费 ②想念父母 ③应父母要求 ④出于孝心

9. 与父母联系的内容？

①关心问候父母　② 和父母分享开心事　③ 向父母倾诉不开心的事

④ 汇报学习情况　⑤ 索要生活费　⑥ 闲聊

10. 与父母之间经常发生冲突吗？

① 经常　② 较少　③ 很少

11. 与父母发生冲突怎么办？

①听从父母意见　② 坚决反抗　③ 搁置问题和父母和解

④ 冷战　⑤ 其他

12. 除了父母是否会给其他亲人打电话？

①是　② 不是

13. 更想和父母一起出去还是朋友？

① 父母　② 朋友　③ 都想　④无所谓

14. 有烦恼，会向父母倾诉还是其他人？

①父母　② 其他人　③ 谁也不说

15. 您觉得他目前和父母的关系？

①很亲密　② 比较亲密　③ 一般　④ 比较疏远　⑤ 很疏远

16. 知道父母的生日吗？

① 知道　② 不知道　③不是十分清楚

17. 父母生日会怎么做？

①送礼物　② 发短信或打电话祝福　③ 和平时一样　④ 其他

18. 您如何评价您的孩子？

①懂事　②孝敬　③进步快　④礼貌

19. 您孩子是否为独生子女？

①是　②不是

20. 您对孩子在学校谈恋爱？

①支持　②反对　③提供参考建议　④不拿意见

21. 您与孩子在一起时经常做什么？

①做饭、做家务　②逛街、购物　③郊游、运动等户外活动　④聊天

⑤看电视、电影　⑥各干各的事，很少交流　⑦其他（请注明具体内容）

22. 您觉得您了解自己的孩子吗？

①很了解 ②一般 ③不了解 ④不知道

23. 孩子与父亲的关系好还是与母亲的关系好？

①都好 ②父亲 ③母亲 ④都不好

24. 您主要关注孩子是哪方面？

① 生活琐事 ②学习 ③工作和就业 ④择偶 ⑤为人处世 ⑥没有

25. 您希望以后孩子的生活方式是哪种？

①分隔两地，过年过节回家聚聚 ②一起生活，但有自己的空间

③居住地离家近，时常回来 ④过自己的生活，不关心父母的生活

26. 孩子毕业后你希望孩子？

①就业 ②出国 ③考研 ④自主创业 ⑤自愿

27. 在校期间孩子若想参军入伍你是否支持？

①支持 ②反对 ③尊重孩子意愿 ④无所谓

28. 在校期间孩子若想政治进步你是否支持？

①支持 ②反对 ③尊重孩子意愿 ④无所谓

29. 您对孩子在学校的消费？

①无条件满足 ②有条件满足 ③限额供给

30. 您的孩子上大学前后的主要有哪些变化？______________________

31. 您对孩子的期望是什么？______________________

32. 您希望学校对你孩子进行哪些方面的教育和帮助？______________

33. 您对我校教学方面的意见或建议？______________________

34. 您对学校学生管理方面的意见或建议？____________________

35. 您对学校的就业创业工作有什么意见或建议？____________

36. 您对学校后勤管理方面的意见或建议？____________________

（二）接受教育方——学生对学校的希望和意见反馈

学生调查问卷

（1）接受教育方——在校大学生学习生活状况调查问卷

亲爱的同学：

你好！我们是咱们学校的教师，目前正在主持河北省教育厅的一项重点

课题，需要了解我校学生学习生活的一些情况，此次问卷调查采取不记名的方式进行，仅作为课题研究所用，我们保证收集到的资料不会外泄，保护个人隐私。同时希望你能认真填写，得到你的积极参与和支持！

课题调查小组

请在所选答案的序号上划“√”，或将答案填写相应的横线上（或空白处）。

第一部分　基本信息（A）

A1 所在学院____________ A2 所学专业____________ A3 所在年级________

A4 性别 ①男 ②女　　　　A5 出生年月____________

A6 民族①汉族 ②少数民族

A7 籍贯 ①河北省 ②其他省市 A8 生源地 ①农村 ②城镇

A9 政治面貌①中共党员 ②民主党派 ③共青团员 ④群众

A10 父亲的职业____________　　A11 母亲的职业____________

A12 你一年的总消费_______元　　A13 月平均生活费_______元

A14 每个月其他消费_______元　A15 每学期用于学习的消费______元

A16 每年学费住宿费_______元

A17 您在大学期间学费和生活费来源？（可多选）_______

①父母给予 ②亲友资助 ③社会捐助 ④银行助学贷款

⑤申请（奖）助学金 ⑥自己打工 ⑦勤工助学 ⑧其他（请注明）

A18 你在校期间主要支出去向是什么？（可多选）_______

①伙食 ②学费 ③购书 ④服装 ⑤大小型学习工具（电脑、文具等）

⑥医疗 ⑦旅游 ⑧租房 ⑨其他（请注明）

A19 你在社团、学生会或班级担任职务或成员（一学期及以上）的有？（可多选）_______

①主席 / 副主席 ②部长 / 委员 ③部员 / 社团成员 ④班干部

A20 影响你选择学校的因素？（可多选）_______

①家长 / 朋友 ②学校排名 ③大学目录 / 指导手册 ④学校制作的视频

⑤学校网站 ⑥学校宣传材料 ⑦杂志或报纸 ⑧该校的学生

⑨高中的老师 ⑩高中的信息公开活动 ⑪ 网络网站 ⑫ 其他（请注明）

第二部分 学习生活状况（B）

你对我校的下列情况了解如何？

项目		非常了解	比较了解	一般	不了解	很不了解
B1	学校简史					
B2	校训					
B3	三风（校风教风学风）					

B4 你是否了解本专业的人才培养方案？

①完全了解 ②不了解 ③不完全了解

B5 你认为本专业的课程设置如何？

①非常合理 ②比较合理 ③一般 ④不合理 ⑤无所谓

B6 你在班级中学习成绩处于什么位置？

① 上等 ②中等偏上 ③中等 ④中等偏下 ⑤下等

B7 你的平均绩点分为？

① 2.0 以下 ② 2.5 ③ 3.0 ④ 3.0 以上

B8 你对学位授予的条件是否了解？

①完全了解 ②不了解 ③不完全了解

B9 你是如何看待大学里学习成绩的？

①非常重视 ②比较重视 ③一般 ④不重视 ⑤无所谓

B10 以下哪些方面你认为较为重要？（请至多选择三项，并按由重至轻排序）________

①教师 ②课程选择 ③学校声誉 ④学校与企业界的联系 ⑤教育质量 ⑥出国学习的机会 ⑦学校设施条件 ⑧学生宿舍 ⑨在学校的生活开销 ⑩每位老师所指导的学生数量 ⑪ 课程中的实践比例 ⑫ 其他

关于以下各项学习环境方面的因素的满意度如何？

项目		非常满意	比较满意	一般	不满意	非常不满意
B11	学校声誉					
B12	校企合作					
B13	教育质量					

（续表）

项目		非常满意	比较满意	一般	不满意	非常不满意
B14	出国学习机会					
B15	学校设施的质量（如图书馆、机房）					
B16	学生宿舍					
B17	在学校的生活开销					
B18	每位老师所指导学生数量					
B19	课程模块的选择					
B20	课程中的实践比例					
B21	公共选修课的开出情况					
B22	顶岗实习					
B23	第二课堂					
B24	学科竞赛开展情况					
B25	你对自己所学的专业					
B26	你对我校的学风					
B27	你对我校的考风					
B28	你对我校的学生管理					
B29	你对我校的教学督导工作					
B30	你对我校图书的种类和数量					
B31	你对我校教材的选择和使用					

B32 上大学后，你的学习态度如何？

①非常积极　②比较积极　③一般　④消极

B33 你觉得所学的课程？

①实用　②大部分实用　③只有小部分实用　④都不实用

B34 你在上课时，一般在做什么？

①能认真听讲　②能做笔记　③玩手机　④说话聊天　⑤睡觉　⑥其他

B35 你对自己的学习现状满意吗？

①非常满意　②比较满意　③一般　④不满意　⑤非常不满意

B36 你采用的学习方法主要有？

①目标学习法　② 问题学习法　③矛盾学习法　④联系学习法

⑤归纳学习法　⑥缩记学习法　⑦思考学习法　⑧合作学习法

⑨循序渐进法　⑩ 持续发展法　⑪ 其他学习方法

B37 你是否逃过课？①是　②否（若选此项，则跳过下题）

B38 你逃课的原因是？

①对此课程不感兴趣　②不喜欢老师的教学方式

③老师讲得不好，去不去都无所谓 ④课程太难了，听也听不懂

⑤缺乏学习动力 ⑥对所学专业不感兴趣 ⑦因学生会、社团、兼职繁忙

⑧沉溺于网络、游戏 ⑨自己学习的效果更好

B39 课余时间，你每天学习时间有多长？

①少于 1 小时 ② 1 ～ 2 小时 ③ 2 ～ 3 小时 ④ 3 ～ 4 小时

⑤ 4 小时以上

请你对任课老师的教学情况做出评价？

项目		非常满意	比较满意	一般	不满意	非常不满意
B40	学术水平					
B41	教学内容					
B42	教学质量					
B43	教学方法					
B44	教学效果					
B45	敬业精神					
B46	创新意识					

你对下列课程的教学满意度如何？

项目		非常满意	比较满意	一般	不满意	非常不满意
B47	公共通修课					
B48	公共选修课					
B49	专业基础课					
B50	专业核心课					
B51	专业限选课					
B52	专业任选课					
B53	实训实验课					
B54	实习实践课					

B55 你认为自己在学习的哪些方面需要改进提高？

①学习态度 ②学习方法 ③知识面的广度 ④实际的动手能力

⑤人际交往 ⑥其他

B56 你是否了解我们学校的大学生创新创业周？

①完全了解 ②不了解 ③不完全了解

B57 你是否了解我们学校的本科生科研兴趣培养计划？

①完全了解 ②不了解 ③不完全了解

B58 你对大学生科研兴趣培养计划满意吗？

①非常满意 ②比较满意 ③一般 ④不满意 ⑤非常不满意

B59 你是否了解我们学校的本科专业技能提升计划？①是　②否

B60 你对大学生专业技能提升计划满意吗？

①非常满意　②比较满意　③一般　④不满意　⑤非常不满意

你学习过程中对下列需求怎么样？

项目		非常需要	十分需要	无所谓	不太需要	不需要
B61	学术讲座					
B62	职业规划					
B63	创新能力					
B64	科研兴趣					
B65	专业技能培训					
B66	公务员考试					
B67	选调生选拔					
B68	考研深造					

B69 你在学习遇到困难时，下列哪些人或组织给你提供过帮助？

①家人　②朋友　③普通老师　④班主任　⑤同学　⑥学生会

⑦学生社团组织　⑧团总支　⑨学生工作部门　⑩教务部门

⑪系（室）主任　⑫院（处）领导　⑬校领导　⑭其他

B70 你对社会实践的满意怎样？

①非常满意　②比较满意　③一般　④不满意　⑤非常不满意

B71 你认为怎么组织开展社会实践？

①学校统一组织　②自己联系　③学校组织和个人联系相结合

你知道或已经使用以下学校提供的服务了吗？

项目		我知道这个服务并已经使用	我知道这个服务，但没有使用	我不知道这个服务，如果知道我会使用	我不知道这个服务，即使知道我也不会使用
B72	学校就业指导中心的服务				
B73	院系就业中心的服务				
B74	教授和导师的职业指导意见				
B75	学校举办的招聘会				
B76	学校组织的各类讲座和培训				
B77	在线空缺职位搜索的板块				
B78	职业指导的资料（比如小册子，职业指导网站，简报）				
B79	提供就业申请的准备 / 培训				

B80 你会采取何种方式应对压力？

①转移（心里不快时娱乐、游戏、读书） ②发泄（哭、写信日记）

③压抑（喝酒、睡觉、假装高兴） ④顺其自然、自然调整 ⑤倾诉

B81 以下几项带给你的心理压力最大的是________最小的是________。

①经济问题 ②恋爱问题 ③人际关系问题 ④家庭问题 ⑤学业问题

⑥个人前途及就业 ⑦国家发展前途 ⑧其他（请注明）________

B82 你认为大学英语是否给你带来心理压力？

①会 ②一般 ③不会 ④无所谓

B83 你认为考研压力大吗？

①大 ②一般 ③很小 ④无

B84 毕业后你的选择是什么？

①就业 ②考研、考公务员 ③出国留学 ④自主创业 ⑤不知道

你对我们学校的评优评奖措施如何评价？

项目		非常满意	比较满意	一般	不满意	非常不满意
B85	三好学生					
B86	国家奖学金					
B87	助学金					
B88	社会捐资奖助学					
B89	优秀学生干部					

你对学校食堂提供的服务如何评价？

项目		非常满意	比较满意	一般	不满意	非常不满意
B90	服务态度					
B91	食堂卫生					
B92	饭菜种类					
B93	饭菜价格					
B94	饭菜口味					

你对学校图书馆提供的服务如何评价？

项目		非常满意	比较满意	一般	不满意	非常不满意
B95	借阅情况					
B96	阅览室					
B97	视听室					
B98	电子阅览室					
B99	数字图书馆					
B100	工作人员的服务					

你对学校的下列工作满意度如何？（续表）

项目		非常满意	比较满意	一般	不满意	非常不满意
B101	教风管理					
B102	学生管理					
B103	考风考纪					
B104	学风建设					
B105	宿舍管理					
B106	勤工助学					
B107	社团组织					
B108	心理咨询服务					

B109 你对我校的网络服务如何评价？

①很好 ②较好 ③一般 ④较差 ⑤很差

你对我校网络服务的需求如何？

项目		非常需要	十分需要	无所谓	不太需要	不需要
B110	学校邮箱					
B111	学习软件					
B112	娱乐					
B113	下载服务					
B114	影视资料					
B115	网络互动					

B116 你觉得下列问题哪项需要最先解决？

①考试作弊 ②作业抄袭 ③迟到旷课 ④课堂纪律 ⑤学习态度懒散 ⑥上课看手机

B117 你会积极参加课外活动吗？

①积极参加 ②感兴趣就参加 ③非强行规定就不参加 ④从不参加 ⑤有时间就参加 ⑥强行规定参加但不积极

B118 你认为目前学校学习方面的规章制度完善吗？

①很完善 ②基本完善 ③一般 ④不完善 ⑤不了解情况

B119 对于学生旷课你的态度是怎样的？

①以学业为重，绝对不能旷课

②如果有重要的事，偶尔旷课也情有可原

③旷课与否并不重要，不影响学习就行

④旷课就要扣学分 ⑤无所谓，个人自由

B120 你认为学生逃课的主要原因是（）？

①厌学情绪高 ②学生会、社团、兼职工作忙

③不喜欢老师的授课方式 ④沉溺于网络、游戏 ⑤缺乏学习动力

⑥因压力大产生逆反心理而逃课 ⑦其他

B121 你认为老师在上课时点名、教学督导组或学生会学习部查课有必要吗？

①很有必要 ②偶尔进行 ③没必要 ④无所谓

B122 你完成作业情况是怎样的？

①独立完成 ②在别人的帮助下完成 ③偶尔抄袭 ④经常抄袭

⑤网络上查找并借鉴 ⑥让别人帮自己写作业

B123 你在过去的考试中有过侥幸作弊行为或想法吗？

①担心考试不及格，经常设法作弊 ②有过这样的行为，但不多

③有过这种想法，但还没有这样的行为 ④从来没有过这种念头 ⑤其他

B124 你目前学习的困难在哪个方面？

①个人功底较差 ②不善于交流 ③心理负担沉重

④自我控制能力较差，难以形成良好习惯

⑤学校教学水平的差距 ⑥外在影响因素太多 ⑦其他

B125 你现在的学习目的是？

①拿更多的证书等证件，为以后找工作打基础 ②为今后的深造做准备

③全面提高自身素质为实现人生理想做准备 ④只为获得文凭

⑤家人的期望 ⑥没想过

B126 你课余时间经常用于（可多选）？

①自习 ②上网 ③逛街 ④恋爱 ⑤闲聊 ⑥打工 ⑦文学创作

⑧下棋打扑克 ⑨体育活动 ⑩其他

B127 创优良学习态度，你认为应从哪些方面入手（可多选）？

① 加强师资队伍建设，提高教师上课水平，教师要挂牌上课，由学生选老师

②加强学生管理，严肃课堂纪律和考勤 ③学生自身的素质要加强

④加强学术交流，多开选修课、讲座 ⑤组织课外科研竞赛、兴趣小组等

⑥改善学校的软硬件设施 ⑦提高奖学金金额或改为一学期评一次

⑧营造良好的校园文化氛围，提供一个优雅的学习环境 ⑨其他

B128 你认为引发作弊的原因主要是？（可多选）

①周围存在不少成功的作弊现象 ②监考教师要求不严

③对所学的课程或专业不感兴趣，只为应付考试

④为了能拿到奖学金和各种荣誉称号 ⑤重修制度的压力

⑥辅修课和选修课太多，分散了精力

⑦社会活动太多，分散了学习时间 ⑧心理压力大，害怕不及格

B129 你经常阅读什么种类的课外书籍？（可多选）

①教材资料书和考研辅导书 ②文学类（散文、小说等） ③外语类书刊

④娱乐体育杂志 ⑤哲学类和成功学书籍 ⑥求职就业相关书籍 ⑦其他

B130 你对自己的前景把握有多大？你觉得你的专业前景如何？

①充满光明，很有信心 ②并没有考虑过，走一步算一步

③前景暗淡，前途堪忧 ④感觉不大，比较迷茫 ⑤其他

B131 你认为能促使你努力学习的最大动力是什么？

①自己的前途和未来 ②来自家庭的压力 ③数目不菲的奖学金 ④其他

B132 你认为影响学习的决定性因素是（ ）？

①个人兴趣 ②学习氛围 ③教学设施 ④教师授课方式

⑤学习态度 ⑥其他

B133 在课后，你跟老师的沟通情况是？

①经常探讨学习问题 ②偶尔聊聊 ③从未沟通过

④想过跟老师沟通但不敢

B134 认为学校加强教学环节学生出勤考核的效果怎么样？

①有效地加强了校风、学习态度建设，严肃了教学纪律

② 部分老师和学生不能认真负责地实施，总的来说效果显著

③ 效果不明显 ④根本没效果 ⑤其他

B135 你对学校管理的看法是？

①太严了，受不了 ②还可以接受 ③很不错 ④太松了，需要严加要求

B136 你对每天的学习是否都可以安排好？

①安排好 ②还可以 ③看情况 ④从未做过计划

B137 你以为以下哪种学习方式效率更高？

①一个人 ②跟异性一起 ③跟同性一起 ④一群人组成学习小组

B138 你喜欢的学习方式是（多选题）？

①课堂学习 ②书本学习 ③实验学习 ④网络学习

⑤讨论学习 ⑥实践学习

B139 你觉得课堂学习有什么作用？

①没多大作用 ②可以帮助自己更好理解教材

③为了考试重点 ④从老师那里得到的比书本多的东西

B140 当学习上遇到问题，你的主要解决方式？

①自己独立解决 ②请教他人 ③放弃或小试后放弃 ④其他

B141 你认为大学最重要的是？

①学习 ②社团工作 ③人际关系 ④兼职赚钱 ⑤其他

B142 选择复习的时间

①老师讲课完结后 ②课余时间 ③临近考试 ④从不复习

B143 对于平时的各科作业，你的完成过程是？

①认真独立完成 ②网上搜寻答案 ③借鉴其他同学完成的答案

④其他

B144 你学习的主要目的？（多选）

①成为有学识、高素质的人 ②增加竞争力，找份好工作，报答父母

③满足自己的求知欲 ④知识改变命运 ⑤为中华之崛起而读书

⑥大家都在读书，从众心理

B145 对于考试成绩的看法

①高分最重要 ②学到知识最重要 ③60分万岁 ④无所谓

B146 你觉得考试作弊的动机是

①怕挂科，父母责备 ②为奖学金而谋求高分

③为了高分在同学面前有面子 ④为了成绩单的完美，将来对工作有帮助

⑤习惯自学该门课程 ⑥其他

B147 对于所学的课程预习状况？

①每门课程都要预习 ②有选择地预习 ③有闲暇的时间就预习

④从不预习

B148 若对自己现在的学习成绩不满意，有想过哪些改变现状的方法？

①制订明确的学习计划并严格执行 ②会努力一段时间，但没有坚持到底

③循序渐进，慢慢调整 ④我很满意，不需要改变 ⑤没想过

B149 是如何对待考试的？

①平常勤于复习 ②临阵磨枪 ③平时积累加期末复习 ④基本不复习

B150 你想不想转换专业？①想 ②不想 ③想的原因______________

B151 你参加过哪些省市级以上学科竞赛______获得的奖励级别______。

B152 你参加过校内哪些比赛______获得的奖励级别______。

（2）接受教育方——本校毕业学生调查问卷

亲爱的同学校友：你好！

占用几分钟时间，感谢你参与我校针对毕业生的调查问卷活动，本次调查，仅仅是为了了解我校毕业生的工作状况、加强学校的管理、提高教育教学质量，加大学校各项工作的改革力度，加快学校更好更快发展。我们承诺对你提供的资料信息保密，希望你能认真填写，积极配合！

你的母校

1. 你毕业前就读的院（系）和专业是______？

2. 你目前所在单位的性质是？

①政府部门或事业单位 ②国企 ③大型私企 ④中小企业

⑤继续深造 ⑥自主创业 ⑦暂未就业 ⑧其他

3. 你所学专业与工作岗位的对口程度如何？

①完全对口 ②对口 ③比较对口 ④不对口

4. 你目前的工资水平（元 / 月）如何？

① 2000 以下 ② 2000 ～ 3000 ③ 3000 ～ 4000 ④ 4000 ～ 5000

⑤ 5000 以上

5. 你对目前工作岗位的满意度如何？

①非常满意 ②满意 ③比较满意 ④不满意

6. 你毕业后工作单位变动次数是多少？

① 1 次 ② 2 次 ③ 3 次 ④ 3 次以上

7. 你认为在校所学知识和技能是否能满足工作岗位的基本要求？

①能满足 ②基本满足 ③不能满足 ④相差太多

8. 你在目前工作岗位的发展机遇如何？

①非常好　②好　③比较好　④不好

9. 你在目前工作岗位上“五险一金”等社会保障情况如何？

①非常好　②好　③比较好　④不好

10. 你对学校课程设置满意度如何？

①非常满意　②满意　③比较满意　④不满意

11. 你对学校教师授课水平的满意度如何？

①非常满意　②满意　③比较满意　④不满意

12. 你对学校和院（系）职业生涯与就业创业指导服务工作的满意度如何

①非常满意　②满意　③比较满意　④不满意

13. 你认为所学专业的社会需求程度为？

①很高　②高　③不好说　④低　⑤很低

14. 学历层次与工作岗位要求的匹配情况？

①高于岗位要求　②恰好满足岗位要求　③低于岗位要求

15. 总体来说，你目前的工作是否与你的期望相符？

①很相符　②相符　③不好说　④不相符　⑤很不相符

16. 你毕业后选择发展的城市或区域？

①京津沪等一线城市　② 秦皇岛市　③ 家庭所在地市

④其他地级城市 县城、乡镇基层　⑤看情况而定的

17. 你是否参加过各级各类课外科技创新活动项目？（多选）　□ 从未参加过

①参加过学校或院系的活动项目

②参加过秦皇岛或其他市县的活动项目

③参加过国家或河北省的活动项目

④ 曾是科技创新项目的团队主要负责人

18. 你认为在求职时最需要接受哪些方面的指导？

① 求职简历制作　② 求职经验　③面试技巧　④就业心理辅导

⑤ 就业政策和形势　⑥ 职业生涯规划　⑦创业教育

19. 你认为应该从大一开始在哪些方面进行提高？（多选）

①职业生涯规划　②专业技能训练　③社会实践锻炼

④ 向老师和学长请教 ⑤ 就业技能训练 ⑥多阅读各种书籍
⑦多参加社团活动 ⑧ 多吸收其他学科知识 ⑨ 其他

20. 学校办学定位：应用型大学，你对学校办学定位的认可程度为？
①非常认可 ②比较认可 ③一般 ④不关心

21. 学校发展目标：建设特色鲜明的高水平应用型大学，你对学校发展目标的认可程度为？
①非常认可 ②比较认可 ③一般 ④不关心

22. 你对学校办学的总体认可度是？
①非常认可 ②比较认可 ③一般 ④不关心

23. 你在学校学习的过程中最喜欢的老师是____最不喜欢的老师是______

24. 你在学校学习的过程中最喜欢的课程是____最不喜欢的课程是_____

25. 你对学校的师资队伍建设的意见或建议：______________________

26. 你对学校教学改革方面的意见或建议：______________________

27. 你对学校专业设置方面的意见或建议：______________________

28. 结合你的工作实际你对所学专业课程设置方面的意见或建议：_______
____

29. 你对学生管理方面的意见和建议：______________________

30. 你对学校的就业创业工作有什么意见和建议：__________________

31. 你对学校后勤管理方面的意见和建议：______________________

（三）社会需求方——用人单位对学校的希望和意见反馈

用人单位调查问卷

尊敬的用人单位：

为了收集贵单位对我校建设和管理及人才培养工作的意见和建议，不断提高我校人才培养质量，更好地满足社会需要和岗位需求，实现产教融合、校企合作，教学过程与生产过程对接，优化专业设置和结构，调整课程内容。恳请您在百忙之中帮助我们完成本次调研工作。

学校调查组

1. 贵单位全称：______________________

2. 贵单位所在城市？

①直辖市 ②省会城市 ③地市及县级城市 ④乡镇或乡村

3. 贵单位的性质？

①党政机关 ②事业单位 ③企业单位 ④国有独资企业

⑤国有控股企业 ⑥其他股份制企业 ⑦外资企业 ⑧民营企业

⑨军队 ⑩其他单位

4. 贵单位所属行业？（以从事的主要行业为准）

①农、林、牧、渔业 ②采矿业 ③制造业

④电力、热力、燃气及水的生产和供应业 ⑤建筑业 ⑥批发和零售业

⑦交通运输仓储和邮政业 ⑧住宿和餐饮业

⑨信息运输、软件和信息技术服务业

⑩金融业 ⑪ 房地产业 ⑫ 租赁和商务服务业

⑬ 科学研究和技术服务业 ⑭ 水利、环境和公共设施管理业

⑮ 居民服务、修理和其他服务业 ⑯ 教育 ⑰ 卫生和社会工作

⑱ 文化、体育和娱乐业 ⑲ 公共管理、社会保障和社会组织

⑳ 国际组织及其他

5. 贵单位的职工规模人数为？

① 50 人以下 ② 51 ～ 100 人 ③ 101 ～ 200 人 ④ 201 ～ 500 人

⑤ 501 ～ 1000 人 ⑥ 1001 ～ 3000 人 ⑦ 3000 人以上

6. 贵单位对我校毕业生的总体满意程度？

①很满意 ②比较满意 ③一般 ④其他

7. 贵单位对我校毕业生的专业能力满意程度？

①很满意 ②比较满意 ③一般 ④其他

8. 贵单位对我校毕业生的社交能力满意程度？

①很满意 ②比较满意 ③一般 ④其他

9. 贵单位对我校毕业生的综合素质满意程度？

①很满意 ②比较满意 ③一般 ④其他

10. 贵单位对我校毕业生的敬业精神满意程度？

①很满意 ②比较满意 ③一般 ④其他

11. 贵单位对我校毕业生的适应岗位快慢的满意程度？

①很满意 ②比较满意 ③一般 ④其他

12. 贵单位对我校毕业生的专业理论的满意程度？

①很满意 ②比较满意 ③一般 ④其他

13. 贵单位对我校毕业生的专业技能的满意程度？

①很满意 ②比较满意 ③一般 ④其他

14. 贵单位对我校毕业生的创新思维和能力的满意程度？

①很满意 ②比较满意 ③一般 ④其他

15. 贵单位对我校毕业生的发展潜力的预判？

①发展潜力强 ②发展潜力尚可 ③发展潜力一般 ④其他

16. 贵单位对我校毕业生的心理素质的满意程度？

①很满意 ②比较满意 ③一般 ④其他

17. 贵单位对我校毕业生的团队协作能力的满意程度？

①很满意 ②比较满意 ③一般 ④其他

18. 贵单位对我校毕业生政治素质满意程度？

①很满意 ②比较满意 ③一般 ④其他

19. 贵单位对我校毕业生劳动工作纪律的满意程度？

①很满意 ②比较满意 ③一般 ④其他

20. 贵单位使用毕业生或安排毕业生工作的主要标准？

①专业对口 ②毕业生个人爱好或要求 ③单位工作需要 ④个人能力
⑤个人实践经历 ⑥个人发展潜力 ⑦推荐单位或个人的意见 ⑧其他

21. 贵单位在招聘人员时，对于专业是否对口的注重程度？

①很注重 ②较注重 ③一般 ④不注重

22. 贵单位在招聘人员时，对学生学历的注重程度？

①很注重 ②较注重 ③一般 ④不注重

23. 贵单位在招聘人员时，优先考虑的学历是？

①博士 ②硕士 ③学士（本科） ④专科（高职） ⑤其他

24. 您觉得我校学生在实践中运用专业知识的能力？

①很强 ②比较强 ③一般 ④比较弱 ⑤很弱

25. 贵单位招聘人才的主要渠道是？（多选）

①直接到学校选聘 ②学生到单位应聘 ③通过他人介绍
④人才市场招聘 ⑤通过网络或其他媒体应聘 ⑥其他

26. 贵单位在招聘人员时，最注重哪方面的素质与能力？（多选）
①政治素质 ②职业道德 ③敬业精神与责任心 ④上进心
⑤文化修养 ⑥竞争意识 ⑦团队精神 ⑧外语水平
⑨独立解决问题能力 ⑩表达能力 ⑪ 管理能力 ⑫ 适应能力
⑬ 创新能力 ⑭ 沟通能力 ⑮ 独立思考 ⑯ 持续学习能力
⑰ 健康状况 ⑱ 其他
27. 为适应用人单位的人才需求，我校人才培养工作应该注重哪些方面？（多选）
①加强知识的培养 ②强化专业实践环节 ③调整专业适应社会需要
④拓宽专业口径，增强专业适应性 ⑤加强学生应用能力的培养
⑥加强职业规划和生涯指导 ⑦加强职业道德培养
⑧加强学生人文社会科学素养的训练 ⑨加强创新能力培养
⑩加强校企合作培养 ⑪ 其他
28. 贵单位今年需求人员的专业及人数：________________________
29. 贵单位对我校教学方面的意见或建议：________________________
30. 贵单位对我校学生管理方面的意见或建议：____________________
31. 贵单位对我校就业工作有什么意见或建议：____________________

第七章　普通高校教学督导体系与监控机制的建设与实践
——以河北科技师范学院为例

教学质量管理是高等院校教学管理工作的核心。目前，各高校都建立了督导工作制度，但因我国教学督导制度处在初期发展阶段，在督导工作中仍存在着不少问题，督导监控体系没能充分发挥其作用。因此，探索一条适合我国国情的高校教学督导体系与监控机制改革创新之路，具有十分重要的意义。

河北科技师范学院是一所河北省属普通高等院校，学校设立了专职的教学质量监控机构，统整目标，规划方案，建立了一套系统的教学督导体系和监控机制。学校 2010 年年底成立了校教学督导组，同时各二级教学单位也成立了二级教学督导组，为进一步完善教学质量监控体系，2011 年年初学校成立了学生教学信息员队伍。经过几年不断实践探索，河北科技师范学院已形成较为完善的“三级三方”六位一体教学督导监控反馈体系。教学质量监控体系的建立和完善为进一步深化学校教学管理体制改革，加大对二级教学单位的宏观调控和管理力度，完善教育教学质量监控体系，对保障全校良好的教学秩序起到了有效的推动作用，为学校整体教育教学质量的提高保驾护航。教学质量的高低受多种因素的影响，有主要的，有次要的。从图 7-1 的教学评估因素分析图可以看出需要考核评价的因素和条件，教学督导体系与监控机制仅是教学管理和质量控制的一个方面。

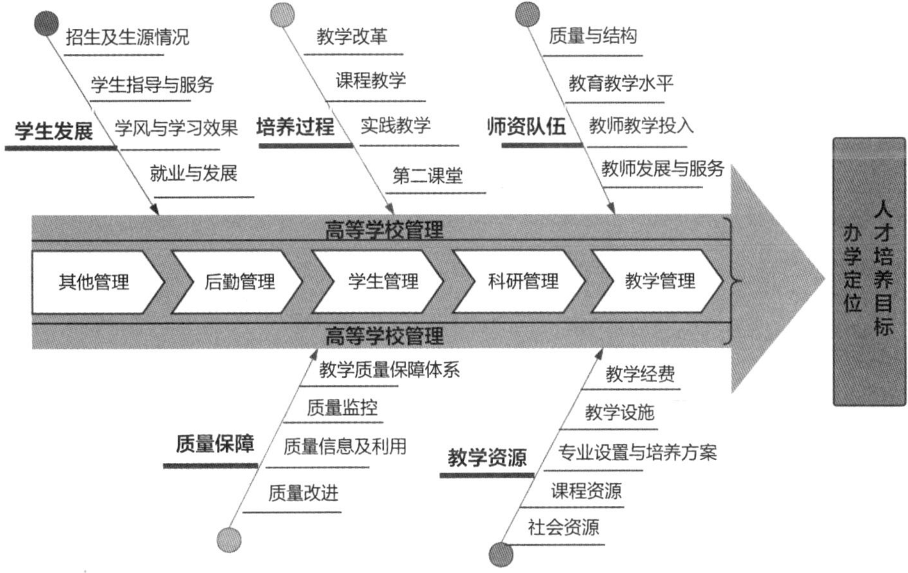

图 7-1 教学评估因素分析图

第一节 教学督导规章制度的建设

高校教学督导制度是高校内部教学质量保障体系中的重要组成部分，是顺利开展督导工作的保证。要克服教学督导工作的随意性，就必须建立规范的、有效的制度，并将各种规章制度、程序、标准“文件化”，以保证各项督导工作正常有序地开展。河北科技师范学院从本校的实际出发，建立了一整套教学督导制度，主要包括三个方面：一是基本制度。如教学督导管理规定等；二是工作制度。如教师评学管理规定、领导干部听课的管理规定、教学督导先进单位评比表彰办法、教师教学质量评价学生评教办法、学生教学信息员管理办法等；三是责任制度。如教学事故认定与处理暂行办法等。具体制度样例如下：

样例制度一：

教学督导管理规定（修订）

第一章　总　　则

第一条 教学督导制度是加强教学宏观管理、完善教学质量监控体系、提高教育教学质量的重要手段和措施。

第二条 为了全面贯彻落实党的教育方针和国家《教育督导条例》的精神，深化教育教学改革，提高教学质量，加强对我校教学工作的监督、检查与指导，强化质量意识，搞好学科、专业、课程、教材等基本建设，使教学督导工作规范化、制度化、科学化，结合我校实际，特制定本办法。

第二章　组织机构

第三条 学校成立教学督导委员会。设主任 1 人，秘书 1 人，成员由教务处处长、教学质量监控评估科科长、校级教学督导组组长组成。教学督导委员会实行主任负责制，主任由教务处主管处长担任。教学督导委员会办公室设在教务处教学质量监控评估科。

第四条 教学督导工作实行学校、院（系、部）两级督导制度。校级教学督导组是教学督导委员会的常设工作机构。院（系、部）教学督导组接受校级教学督导组的业务指导。

第五条 校级教学督导组成员由学校从教学优秀的在职教师、退休人员、退居二线的中层管理干部中聘任。院（系、部）教学督导组，原则上由 3 ～ 5 人组成，具体工作由各院（系、部）自行组织。

第三章　聘任条件

第六条 热爱教育事业，熟悉教育法律、法规、规章和国家教育方针、政策，关心学校的建设与发展，政治理论水平较高，具有相应的专业知识和业务能力，长期从事教育教学管理工作，教学业绩突出。

第七条 坚持原则，办事公道，品行端正，廉洁自律；责任心强，善于听取各方面的意见，具有较高的威望，并勇于探索创新。

第八条 身体健康，能胜任教学督导工作，精力充沛，具有奉献精神。

第九条 具有大学本科及以上学历，且具有副教授（副教授需履职 2 年以上）及以上职称，从事教育管理、教学或者教育研究工作 10 年以上，工作成绩突出。

第十条 具有较强的组织协调能力和表达能力。

第四章 工作职责

第十一条 对全校教学过程的各个环节和教学管理行使检查、指导、监督、咨询、信息反馈等职能。

第十二条 督查、指导各院（系、部）教学督导组工作的开展情况，督查《实施办法》落实情况。

第十三条 督查各院（系、部）教学工作情况，以及对学校教学工作相关管理规定、规章制度等的落实情况。

第十四条 根据需要，可以召开各院（系、部）教学督导组会议。

第十五条 当教师及相关部门对教学督导组提出的评价结果有不同意见时，由教学督导委员会进行仲裁。

第十六条 对教务处教学管理工作进行督导，可以随时提出建设性意见和建议。

第十七条 结合学校教学工作安排，进行常规性或专项性教学检查。

第十八条 编辑、发放《教学督导工作简报》。

第十九条 教学督导委员会每学期向学校主管教学领导、教务处提交督导工作报告。

第二十条 督导组成员聘任到期，需向学校提交聘期督导工作总结。

第五章 工作制度

第二十一条 工作例会制度。教学督导委员会原则上每月举行一次例会，也可根据工作需要，随机安排临时性会议，制订工作计划，安排工作任务，通报相关情况。

第二十二条 信息反馈制度。教学督导委员会应及时向学校有关领导、教务处或相关院（系、部）及教师本人口头或书面反馈教学督导情况。

第二十三条 督导简报制度。教学督导组就教学督导工作进行适时总结、编辑、刊发《教学督导工作简报》。

第二十四条 巡视听课制度。督导组成员每日要进行课前或课间的巡课，根据学期工作计划及学校教学进程进行听课并按照要求完成听课任务。

第二十五条 工作记录制度。教学督导委员会各成员进行督导活动时需填写工作记录，做好记录，并注意保管，学期末交办公室保存。

第二十六条 挂牌上岗制度。教学督导委员会成员履行督导职责时，要佩带教学督导胸牌。

第六章 聘任及待遇

第二十七条 校级督导组成员由学校聘任，颁发聘任证书。聘期为2年，可以连聘连任。

第二十八条 校级督导组成员因各种原因不能履行规定的工作职责时，学校可以随时解聘。

第二十九条 学校组织对校级督导组成员进行年终考评，评为优秀督导员的，给予荣誉证书和一定的物质奖励。对于不合格的，报请学校同意，下一年度不再聘任。

第三十条 学校对校级督导组成员实行津贴制。

第三十一条 校级督导组工作经费在学校教学业务费中安排。

第七章 附 则

第三十二条 校级教学督导组代表学校实施监督和检查职责。对妨碍或拒绝教学督导的单位或个人，学校将进行通报批评。

第三十三条 各院（系、部）结合本文件制定本单位《教学督导工作实施办法》。《实施办法》应包括组织机构、聘任条件、工作职责、工作制度以及聘任、待遇、考核等具体内容，具有可操作性，确保教学督导组工作的正常、高效运作。《实施办法》报学校教学督导委员会和教务处备案。

第三十四条 本文件自颁布之日起执行，解释权归教务处。

样例制度二：

教学督导先进单位评比表彰办法（修订）

为推动二级教学督导工作的科学化、制度化、规范化建设，调动二级教学督导工作的积极性，提高工作质量和效率，鼓励先进，鞭策后进，使我校教学督导工作质量和水平得到全面的提升，特制定本办法。

一、评比原则

评比以全面检查院（系、部）教学督导工作为重点，坚持公正公平、实事求是、确有所为、注重实效的原则，鼓励先进，督促后进，为督导工作营造良好的工作环境。

二、评比范围

所有院（系、部）教学督导组。

三、评比条件

1. 院（系、部）领导班子重视督导工作，每学期工作有布置、有要求，定期或不定期听取督导工作汇报，解决或协调督导过程中出现的问题；

2. 支持学校各项教学工作，识大体、顾大局；

3. 督导工作结合全校和本院（系、部）教学工作有计划、有重点、有侧重、有成效进行；

4. 坚持改革创新，结合本单位实际落实学校及本部门的各项教学检查督导工作任务；

5. 督导巡视、听课、座谈（含教师和学生）记录系统完整；

6. 坚持原则，承担责任，主动开展本部门教学督导工作，督导得力，能做到督与导的有机结合，对违规违纪现象敢于批评指正；

7. 各项督导工作完成质量好，材料报送准确、及时。

四、评比名额

先进督导单位的名额 3 ～ 5 个。

五、评比指标

共 5 项一级指标，见附件“教学督导先进单位评比打分表”。

六、评比方式

依据本办法及“教学督导先进单位评比打分表”中的各项指标评比。先由院（系、部）进行自评，学校组织专家对院（系、部）督导组汇报材料进行审阅，最后，听取各院（系、部）教学督导组的ppt汇报，评委现场打分进行评选。

七、评比时间

评比表彰工作每两年一次，一般安排在评审年度下一年的上半年进行。

八、表彰形式

颁发先进单位奖牌，适量增拨督导经费；对被评为后三名的院（系、部）适量缩减督导经费。

九、生效日期

本办法自颁布之日起施行，解释权归教务处。

样例制度三：

学生教学信息员管理办法

为建立科学完善的教学质量监控体系，及时、准确地了解、收集学生对教学工作的意见，充分发挥学生参与教学管理的主体作用，确保教学质量的稳步提高，特制定本办法。

一、组织、聘任与管理

1. 学生教学信息员（以下简称信息员）由教务处负责聘任、管理，院（系）协助推荐。

2. 信息员每年9月份由院（系）选拔推荐、学生选举产生，每班1名；填写《河北科技师范学院学生教学信息员审批表》（一式两份）交至教务处，经教务处审核批准后颁发聘书。一经聘任，信息员由教务处直接管理。

3. 信息员每学年聘任一次，聘期1年，到期自动解聘。教务处负责对全校信息员的工作情况进行考核，对工作不认真、不负责的信息员将随时予以解聘并通知所在院（系）。院（系）要及时提供该班级新的人选信息供教务处进行遴选。

4. 教务处从每个院（系）选拔1名信息员组成我校信息员工作委员会，委员会设主任1名，副主任3名，委员若干。委员会主任由教学质量监控评估科老师兼任，委员会成员在质量监控评估科领导下管理信息员队伍，组织完成日常学生信息反馈工作。

5. 信息员聘任后，由教务处负责对被聘人员进行学校教学相关管理制度、文件及其主要职责的培训。

6. 教务处收集信息员提供的教学信息，汇总、整理后及时反馈给有关部门。根据工作需要，教务处定期召开信息员工作会议，听取意见和建议。

7. 信息员与普通班委享有同等待遇。

二、聘任条件

1. 思想品德好。思想进步，遵守学校各项规章制度，责任心强、办事公正、有工作热情，关心学校的建设和发展，热心参与学校教学管理和教学改革，善于发现和辨别问题并能主动提出意见和建议。

2. 学习成绩优良。热爱所学专业，学习目标明确，学习态度端正，勤奋学习，学习成绩良好。

3. 同学关系融洽。在同学中有较高的威信，团结协作精神强，尊重师长，善于联系老师和同学，能代表班级同学如实反映意见。

4. 组织协调能力强。能妥善处理本人与学校、院系督导组、教学管理部门、本班同学、自身学习之间的关系。

三、工作职责

1. 公正客观地收集学生对任课教师在教学过程各环节的意见和建议。

2. 真实反映教师在授课过程中的情况、效果和调课、停课、不按课表行课、不按时上下课方面的信息。

3. 真实反映学生对教学活动安排、教学管理、计划执行、专业与课程设置以及教风建设、学风建设、考风建设等方面的意见和建议。

4. 按时参加教务处组织的工作会议及相关活动。

5. 定期认真填写并报送相关报表，及时反馈教学信息。

6. 及时向所在院（系）、班级、同学反馈学校教学管理部门对所反映情况的处理意见。

7. 经常听取、收集所在班级学生对学校教学及教学管理工作各个层面的意见和建议，并通过书面、电子邮件等方式及时向主管部门反映。对于教学过程中发生的重大问题，第一时间反馈上报。

8. 协助组织网上评教工作，努力提高班级同学评教质量。

9. 积极参加学校组织的相关活动。

四、奖惩

1. 教务处每年组织一次优秀信息员评选，对于认真履行岗位职责，圆满完成任务、工作成绩突出的信息员授予“优秀教学信息员”荣誉称号并给予适当奖励。

2. 信息员任期内如有下列情况，一经查实，予以解聘：违反有关规定，不履行工作职责，无故不参加工作例会，工作不负责，调查不深入，主观臆断，反馈教学信息不真实、不客观，存在瞒报、篡改、捏造信息数据等现象。

五、生效日期

本办法自颁布之日起施行，解释权归教务处。

附件 1

学生教学信息员审批表

编号：

<table>
<tr><td>姓 名</td><td></td><td>性 别</td><td></td><td>出生年月</td><td></td><td rowspan="3">相
片</td></tr>
<tr><td>民 族</td><td></td><td>政治面貌</td><td></td><td>入学时间</td><td></td></tr>
<tr><td>院（系）</td><td colspan="2"></td><td>专业
班级</td><td colspan="2"></td></tr>
<tr><td>职 务</td><td colspan="3"></td><td>有何特长</td><td colspan="2"></td></tr>
<tr><td>电子邮箱</td><td colspan="3"></td><td>固定电话</td><td colspan="2"></td></tr>
<tr><td>QQ 号码</td><td colspan="3"></td><td>手 机</td><td colspan="2"></td></tr>
<tr><td>宿舍地址</td><td colspan="6"></td></tr>
<tr><td colspan="7">简介：</td></tr>
<tr><td>院 系
审 批
意 见</td><td colspan="6">负责人签字： 院（系）盖章
年 月 日</td></tr>
<tr><td>教务处
审 批
意 见</td><td colspan="6">负责人签字： 教务处盖章：
年 月 日</td></tr>
</table>

注：此表填写一式两份，签字盖章后，一份由院（系）保存，一份交教务处审批备案。

附件 2

教学运行监控周报表

________学年第____学期第____周（____月____日— 月____日）

院（系）：　　　　班级：　　　　信息员姓名：

星期	节次	任课教师	课程名称	课程类别		教师到课情况					学生出勤情况		备注
				必修	选修	正常	调课	缺课	迟到	早退	应到人数	实到人数	
星期一	1-2												
	3-4												
	5-6												
	7-8												
	9-10												
星期二	1-2												
	3-4												
	5-6												
	7-8												
	9-10												
星期三	1-2												
	3-4												
	5-6												
	7-8												
	9-10												
星期四	1-2												
	3-4												
	5-6												
	7-8												
	9-10												
星期五	1-2												
	3-4												
	5-6												
	7-8												
	9-10												
星期六													
星期日													

附件 3

学生教学信息反馈月报表

院（系）： ________学年第____学期 填表日期： 年 月

<table>
<tr><td rowspan="3">信息员
姓 名</td><td rowspan="3"></td><td rowspan="3">专业
班级</td><td rowspan="3"></td><td rowspan="3">通信
方式</td><td>手机</td><td></td></tr>
<tr><td>邮箱</td><td></td></tr>
<tr><td>QQ 号</td><td></td></tr>
<tr><td colspan="7">教学信息反馈内容主要包括：
1．教师的教学态度、教学内容、教学方法、教学手段、教学水平和教学过程各环节；
2．教学管理方面，包括学院教学管理制度的制定与实施、教学活动的组织安排、教学质量管理、培养计划的执行情况和本专业的课程设置等；
3．学生在教学活动中的学风状况，包括出勤情况、课堂纪律、课堂参与、课外自习、课外作业、学习效果、考风考纪等；
4．教学条件方面，包括教材、教学场所、教学设备、图书资料等；
5．推荐同学们心目中的好课、好教师并概括说明理由；
6．对某一个或几个教学环节的意见、建议；
7．同学们对学校教学管理举措的看法、建议；
8．其他。</td></tr>
<tr><td rowspan="5">信息反馈情况</td><td>教师教学方面</td><td colspan="5"></td></tr>
<tr><td>学生学习方面</td><td colspan="5"></td></tr>
<tr><td>教学管理方面</td><td colspan="5"></td></tr>
<tr><td>教学条件方面</td><td colspan="5"></td></tr>
<tr><td>其他方面</td><td colspan="5"></td></tr>
<tr><td colspan="7">意见、建议及措施：</td></tr>
</table>

样例制度四：

教学事故认定与处理暂行办法

第一章 总 则

第一条 为贯彻“从严治校，从严执教”原则，进一步提高教育教学质量，加强教学管理工作的规范性和严肃性，保证学校教学工作正常有序进行，减少教学工作中各种事故的发生，并使出现的教学事故得到严肃、妥善的处理，根据国家有关规定，结合我校实际情况，特制定本办法。

第二条 教学事故是指教师（含教辅）及教学管理人员失职或违反教学工作条例，从而影响正常的教学秩序，影响教学环节的实施等在教学或教学管理过程中出现的失误或过错。

第二章 教学事故的分类与界定

第三条 教学事故根据事故发生的情节和后果，分为一般教学事故、严重教学事故和重大教学事故三类。

第四条 出现下列情况之一，造成不良影响，情节轻微的，为一般教学事故：

1. 无正当理由，迟到、早退、擅自离开教学岗位 5 分钟（含）以内；

2. 无正当理由，上课、实验、监考期间拨打或接听与教学无关的电话或从事与教学无关的事情，致使干扰、延误、缩短或中断教学活动 5 分钟（含）以内；

3. 未经院（系、部）和学校教学主管部门同意，擅自变更教学活动时间或地点；

4. 未经院（系、部）和学校教学主管部门同意，由两人或多人共同承担的教学任务，未按原授课教师或时间安排执行；

5. 未经院（系、部）、学校教学主管部门和实践单位同意，擅自缩短实习时间 1 天（含）以内；

6. 实践教学指导教师违反学校或实践教学单位的相关规定，造成不良影响；

7. 发现学生平时作业、实验报告、实习报告、试卷或毕业论文（设计）等有严重抄袭现象未予以制止或未及时向院（系、部）汇报；

8. 未按学校规定批改平时作业、实验报告、实习报告、试卷或毕业论文（设计）；

9. 未按学校有关规定命题、制定评分标准或进行试卷分析；

10. 试卷未按规定送达考场，或因试卷数量不足等原因，导致考试延误 5 分钟（含）以内；

11. 误判、漏判试卷份数不超过 3 份（班级规模 60 人及以下）或应判试卷总数的 6%（班级规模 60 人以上），致使试卷成绩与实际成绩不符，或者成绩登载缺失，且未主动纠正；

12. 未经院（系、部）和学校教学主管部门同意，不按时报送成绩、成绩分析报告、学生试（答）卷等需要报送的材料；

13. 课程表、考试安排表、监考安排表、停调课通知（单）等未及时通知相关院（系、部）教师或学生，造成上课或考试延误；

14. 排课、排考中发生时间、地点、人员冲突或遗漏，造成上课或考试延误；

15. 未经学校教学主管部门同意，擅自使用教室或其他教学设施而影响正常教学；

16. 教学管理人员对教师请印的试卷审核不认真，导致试卷出现较大错误或试卷规范性较差；

17. 其他未按照学校规定完成相关教学或教学管理工作，造成不良影响、情节轻微的行为或事件。

第五条 出现下列情况之一，造成不良后果，情节严重的，为严重教学事故：

1. 无正当理由，迟到、早退、擅自离开教学岗位 5 分钟以上；

2. 无正当理由，上课、实验、监考期间拨打或接听与教学无关的电话或从事与教学无关的事情，致使干扰、延误、缩短或中断教学活动 5 分钟以上；

3. 未经院（系、部）和学校教学主管部门同意，授课内容严重偏离教学大纲；

4. 擅自调整、变更教学计划，未能落实或按计划完成教学任务；

5. 未经院（系、部）和学校教学主管部门同意，擅自停课、缺课、请他人（非教学任务书中指定的任课教师、实践指导或带队教师）代课、缺席监考；

6. 未经院（系、部）、学校教学主管部门和实践单位同意，擅自缩短实习时间 1 天以上；

7. 实践教学指导教师违反学校或实践教学单位相关规定，造成严重影响；

8. 试卷未按规定送达考场，或因试卷数量不足等原因，导致考试延误 5 分钟以上；

9. 在校级考试中，考前泄露试题或考试中暗示、透露试题答案；

10. 发现学生考试违纪或作弊，未及时纠正、处理或隐瞒不报，或其他未按监考守则规范考场秩序导致考场混乱；

11. 因未及时清点试（答）卷、未妥善保管试（答）卷或成绩单等原因，造成学生试（答）卷、成绩单遗漏或遗失；

12. 不按评分标准阅卷，随意给分或改动成绩，误判、漏判试卷份数超过 3 份（班级规模 60 人及以下）或应判试卷总数的 6%（班级规模 60 人以上）且未主动纠正；

13. 因试题错误造成考试延误、中断或无效；

14. 未落实课程安排，致使教学任务无人承担；

15. 课程表、考试安排表、监考安排表、停调课通知（单）等未及时通知相关院（系、部）教师或学生，造成停课、停考；

16. 排课、排考中发生时间、地点、人员冲突或遗漏，造成停课或停考；

17. 教学管理中，教学档案缺失严重、管理混乱；

18. 其他未按规定完成相关教学和教学管理工作，造成严重后果的行为或事件。

第六条 出现下列情况之一，后果十分严重、情节极为恶劣的，为重大教学事故：

1. 教学活动中出现违反宪法、法律或违背党的方针政策、违反教师职业道德规范等言论或行为；

2. 侮辱、体罚或伤害学生，或其他给学生身心造成严重伤害的言论或行为；

3. 对教学或教学管理工作不负责任，造成人身伤亡或重大财产损失；

4. 在校级以上级别的考试中，考前泄露试题、考试中暗示、透露试题答案或其他严重影响考试秩序的行为；

5. 私自改动学生原始成绩，或出具与事实不符的成绩、学籍、学历、学位等各类证书、证明；

6. 其他违反教学或教学管理规定，后果十分严重，情节和影响极为恶劣的言论或行为。

第三章　教学事故的认定与处理

第七条 学校成立教学事故认定委员会，负责教学事故的认定工作。教学事故认定委员会由主管教学校领导、教务处领导、事故发生单位代表和其他相关人员构成。教学事故认定委员会办公室设在教务处。

第八条 教学事故认定委员会应在接到事故调查报告之后3个工作日内召开事故认定会议。事故认定委员会应根据事故调查报告认定事故等级，提出处理意见。一般教学事故由事故责任人所属单位认定和处理，并报教务处备案。严重教学事故的认定与处理意见由校长审批，重大教学事故的认定与处理意见报校长办公会审批。

第九条 对一般教学事故，由事故责任人所在单位提出通报批评，同时取消责任人事故发生年度评优资格，根据情节轻重及态度好坏对事故责任人扣发一定数额的岗位津贴（以月津贴额为基本单位）。

第十条 对严重教学事故，由学校主管校长对责任人签发《教学事故通知书》，除由学校提出通报批评外，延期1年晋升高一级专业技术职务，根据情节轻重对责任人扣发一定数额的岗位津贴（以季度津贴额为基本单位）。

第十一条 对重大教学事故，由学校主管校长对责任人签发《教学事故通知书》，全校提出通报批评，扣发责任人事故发生年度岗位津贴、延期3年晋升高一级专业技术职务，根据情节轻重给予记过、留校察看行政处分，直至调离教学、教学管理、教学保障岗位，开除公职。

第十二条 对隐瞒事故真相、干扰调查工作，或对举报人、投诉人进行打击、报复的，根据情节轻重，按一般教学事故、严重教学事故或重大教学事故处分。

第四章　附　　则

第十三条 事故责任人对学校的处分不服，应在收到学校的处分决定后5个工作日内向校教学事故认定委员会提出行政复议。校教学事故认定委员会应在收到事故责任人行政复议申请后5个工作日内进行复议并将复议意见通知申诉人。申诉人对复议意见不满意，可以向法院提起行政诉讼。

第十四条 本办法未列举的教学事故，由校教学事故认定委员会参考本办法予以认定。

第十五条 本办法自颁布之日起执行，由教务处负责解释。原相关文件同时废止。

样例制度五：

教师教学质量评价学生评教办法

教师教学工作是高校育人工作的根本环节，教师教学质量直接关系到人才的培养质量。教师教学质量评价是教学质量保障体系的重要组成部分，对促进教师做好教学工作，深化教学手段和方法改革，全面提高教学质量具有重要作用。为进一步完善教师教学质量评价体系，规范评价程序，提高评价质量，使评价结果更加客观、公正地反映教师的教学水平，充分发挥评价的激励导向作用，根据学校教学实际情况，特制定本办法。

一、评价人与评价对象

本办法适用于所有本学期承担本、专科学生教学任务的专（兼）职教师。

评价人为我校所有在籍本、专科学生（毕业学期不参评）。

参评课程为培养方案设置的所有必修课和选修课。

二、参评课程分类

根据学科、专业、课程及教学组织的不同将参评课程进行分类：

1. 理、工、农类；

2. 经、管、教育类；

3. 文、法、外语、社科类；

4. 体育类；

5. 艺术类。

三、评价指标体系

1. 学生自我评价

（1）你对本课程的兴趣、爱好程度（爱好、一般、不喜欢）；

（2）你在本课程付出的精力程度（较多、一般、较少）；

（3）你对本课程重要性的认识程度（清楚、一般、不清楚）；

（4）你对任课教师的评价能否保证公平、客观（能、基本能、一般）；

（5）你对评教的态度（认真、较认真、一般）。

2. 对教师量化评价

（1）量化评价 见：附件。

（2）定性评价 你对教师讲授本课程的总体评价（优秀、良好、一般、不合格）。定性评价情况说明，教师的优缺点、突出特点、给教师的留言，给教师综合评定结果详细理由等。

四、学生评价组织形式方法及要求

1. 组织形式

学生评教由教务处布置，各院（系）组织学生具体实施，通过网络评价的方法进行。各院（系）可采用集体组织和学生自行网上评价两种形式。

2. 具体要求

（1）每个学期学生在系统开放期间对教授本人课程的教师评价一次。不评教不能查询所学课程成绩，不能进行选修课的选课等。

（2）学生在评教前必须修改密码，不修改不能进行评教。

（3）对无故不上课、出勤达不到要求的同学，教师应按学籍管理办法不给予其评定期末成绩，无期末成绩的同学将不能参与评教（以成绩单为准）。

（4）每学期最后 4 周为评教系统开放期，学生评教须在此时限内完成。如有特殊情况（需各院系提前上报）可在指定时间内进行，各院（系）应采取必要措施保证所有学生都能完成评教。

五、评教数据的处理

1. 数据采集

通过上述方式对每位教师采集定量和定性两方面数据，形成待处理学生评价数据，并对定量数据进行如下过程处理。

2. 数据剔除

每个教学任务的学生评教打分按分数高低排名后，前后各去掉5%的打分结果。

3. 按班标准化处理：

（1）标准化公式 $Z_{ij}=\frac{x_{ij}-\bar{x}}{\sigma}$

其中：

x_{ij} 表示第 i 个教师在该班的第 j 个原始的分；

$\bar{x}$ 表示该班所有参评学生为所有任课教师打分（剔除前后5%之后）的平均值；

Z_{ij} 表示第 i 门课程在该班的第 j 个原始的分标准化得分；

σ表示该班学生对所有课程（教师）打分的标准差；

（2）Z_i 为第 i 门课程的标准化平均得分，即 $Z_i=\sum_{1}^{n}z_{ij}/n$，其中 n 为剔除参评人数前后5%所剩人数。

（3）每位教师所有课程标准化得分的平均值 $\overline{Z}$，即为其最终标准化成绩；$\overline{Z}=\sum_{1}^{m}Z_i/m$，其中 m 为教师参评课程门数。

4. 综合评定：综合定性和定量两方面成绩，确定综合排名。

六、学生评教结果与问题处理

（1）新聘任到教师岗位的教师（包括新进、新调入、新转岗）或新开课（第一次开设的课程）的教师，当年学生评教标准化得分位于全校后10%的可以根据院（系、部）意见不记后10%。

（2）对学生评教标准化得分位于全校的后10%，但原始分位于全校的前50%的教师不认定后10%。

（3）教师若对自己评价结果有异议的，可书面向教务处提出申诉，由学校组织专家通过对教师课程进行随机听课和座谈会等方式进行综合评定，若的确不属教师本人原因，以专家结论为准。

（4）若的确有足够证据证明是由学生代打代评引起评价效果较差，代打人数超过参评人数的20%及以上的，教师本人申请，学校可组织学生对该教师重新评价。

（5）对教学效果差，并确属教师本人原因，若连续两次学生评教结果在全校排名后10%的，学院应进行书面警示并进行专业指导和帮扶；连续三次及以上学生评教结果在全校排名后10%的，按照学校《教学工作规程》第二十章第六十二条处理。

本办法自颁布之日起施行，由教务处负责解释，原有相关文件废止。

附件：

分类评价指标

课程类别	指标类型	指标细则
	通用指标	能较好地组织课堂教学，有考勤，能及时布置和批改作业；
理、工、农类	教学态度	1. 爱岗敬业，备课充分；注重仪表，上课认真并情绪饱满；
		2. 准时上下课，不随意停调课，上课无接打手机、离岗现象；
		3. 对学生要求严格，关心同学，注重教书育人，答疑及时耐心，能对学生学习提出正确的指导。
	教学内容	4. 内容充实，重点突出，条理清楚，逻辑性强；
		5. 不照本宣科，理论联系实际，能体现学科学术动态，注重学生能力素质培养，特别是动手能力的培养；
		6. 教材选择合适，教学进度安排合理。
	教学方法	7. 教学方法得当，鼓励学生独立思考，尊重学生个性发展，注重学生自学能力的培养；
		8. 板书或多媒体课件使用得当，合理运用现代化教学手段辅助教学。
	教学效果	9. 教学互动良好，能达到课程教学目的，学习有收获；
		10. 学生发现问题、分析解决问题的能力有提高。
经管、教育类	教学态度	1. 爱岗敬业，备课充分；注重仪表，上课认真并情绪饱满；
		2. 准时上下课，不随意停调课，上课无接打手机、离岗现象；
		3. 对学生要求严格，关心同学，注重教书育人，答疑及时耐心。
	教学内容	4. 内容充实，重点突出，条理清楚，逻辑性强；
		5. 不照本宣科，理论联系实际，注重学生能力素质培养，注重内容更新；
		6. 教材选择合适，教学进度安排合理。
	教学方法	7. 教学方法得当，鼓励学生独立思考，尊重学生个性发展，注重学生自学能力的培养；
		8. 板书或多媒体课件使用得当，合理运用现代化教学手段辅助教学。
	教学效果	9. 教学互动良好，能达到课程教学目的，学习有收获；
		10. 学生发现问题、分析解决问题的能力有提高。

（续表）

课程类别	指标类型	指标细则
文法、外语、社科类	教学态度	1. 爱岗敬业，备课充分；注重仪表，上课认真并情绪饱满；
		2. 准时上下课，不随意停调课，上课无接打手机、离岗现象；
		3. 对学生要求严格，关心同学，注重教书育人，答疑及时耐心。
	教学内容	4. 内容充实，重点突出，条理清楚，逻辑性强；
		5. 不照本宣科，理论联系实际，注重学生能力素质培养；
		6. 教材选择合适，教学进度安排合理。
	教学方法	7. 教学方法得当，鼓励学生独立思考，尊重学生个性发展，注重学生自学能力的培养；
		8. 板书或多媒体课件使用得当，合理运用现代化教学手段辅助教学；
	教学效果	9. 教学互动良好，能达到课程教学目的，学习有收获；注重学生人生观、价值观、世界观的培养；
		10. 学生发现问题、分析解决问题的能力有提高。
体育类	教学态度	1. 爱岗敬业，备课及课上使用的体育器材准备充分到位；注重仪表，上课认真并情绪饱满；
		2. 准时上下课，不随意停调课，上课无接打手机、离岗现象；
		3. 对学生要求严格，关心同学，注重教书育人。
	教学内容	4. 运动前准备活动充分，讲解动作要领准确、重点突出，动作示范正确、规范、到位；
		5. 教学内容充实，运动量安排得当，教学进度安排合理。
	教学方法	6. 教学方法得当，注意激发学生兴趣，尊重学生个性发展；
		7. 练习手段多样，有针对性和实效性。
	教学效果	8. 教学互动良好，能达到课程教学目的，学生学习有收获。
艺术类	教学态度	1. 爱岗敬业，备课及绘画静物等素材课前准备充分；注重仪表，上课认真并情绪饱满；
		2. 准时上下课，不随意停调课，上课无接打手机、离岗现象；
		3. 对学生要求严格，关心同学，注重教书育人。
	教学内容	4. 教学内容丰富，讲授娴熟，讲解动作、发音示范准确规范到位，并能体现学科学术动态；
		5. 不照本宣科，能做到与展览、演出等实践活动相结合，能注重学生能力素质培养。
	教学方法	6. 教学方法灵活多样，有独特的艺术风格和教学特点，能传授给学生掌握技巧的要领，多媒体使用得当。
	教学效果	7. 教学互动良好，因材施教，重视学生能力、创新意识的培养。

（续表）

课程类别	指标类型	指标细则
独立设课实验		1. 对实验中可能出现的安全、危害等问题，强调到位；
		2. 爱岗敬业，备课及实验准备充分；
		3. 实验目的明确，示范操作规范娴熟，能充实学科实验新方法、新内容，教学方法灵活多样；
		4. 对学生严格要求，积极指导，耐心回答学生的问题，认真及时地批改实验报告及实验作业。实验过程中不能擅自离岗；
		5. 重视学生动手能力和科学素养的培养。能激发学生实验的积极性，达到预期效果；
		6. 实验课程严格按照培养方案足学时开设；
		7. 熟悉实验内容及仪器，能及时排除故障。
实践课		1. 治学严谨，指导耐心，有效管理整个实践过程；
		2. 实践课程目标明确，能与生产实际相结合；
		3. 是否有指定教师参与指导，指导方法灵活，激发学生动手和独立思考的能力；
		4. 因材施教，有针对性地指导，培养学生创新技能；
		5. 实践课程严格按照培养方案足学时开设；
		6. 实践课程有收获。

样例制度六：

教师评学办法（试行）

第一章　总　　则

第一条　教师评学是学校教学质量监控反馈体系的重要组成部分，为进一步完善我校教学质量监控反馈体系，使教师评学工作规范化、制度化，特制定本办法。

第二条　教师评学是教师对所授课程学生的学习情况作出总体评价，是任课教师的一项常规教学工作。

第三条　坚持“以评促学、以评促教、以评促管、以评促改”的指导思想，通过教师评学活动，及时了解教学过程中学生的学习状况，为教师教学改革提供必要的参考，为客观评价班级学风状况提供依据。

第二章　评学内容

第四条　评学内容主要包括学生学习态度、课堂行为、纪律状况、学习效果等。也包括任课教师对任课班级学生的学习情况、学风建设、教学条件和教学管理等方面提出的意见或建议等（见附表 1）。

第三章　评学范围

第五条　评学主体为所有承担教学任务的教师。

第六条　评学对象为我校全日制本、专科独立建制的所有行政班级。

第七条　评学课程范围原则上为专业培养方案中除选修课以外的所有课程。

第四章　评学程序

第八条　评学工作由各院（系、部）负责组织实施，二级教学督导组负责督查，学期末将评学结果由院（系、部）统一报送教务处。

第九条　任课教师在课程结课后方可进行评学，在提交课程成绩的同时提交教师评学表。

第十条　教师评学按百分制对班级进行评定，填写教师评学表（附表

1）一式三份，其中一份报送教师本人所在院（系、部）、一份报学生所在院（系）、一份自存。

第十一条 各院（系、部）负责教师评学的统计、汇总工作，以学生班级所在院（系）为对象进行统计汇总。针对同一班级多位任课教师进行评学的情况，为使评学结果更为科学合理，取平均分为班级评学结果，填写评学情况汇总表（附表 2），每个学期末将附表 2 的纸质版和电子版报教务处。

第十二条 教务处依据各院（系、部）提交的材料（附表 2），进行统计汇总，撰写全校教师评学总体情况分析报告，以此作为今后教学和学生管理改革的参照依据。

第五章 评学要求

第十三条 各院（系、部）要加强对教师评学的宣传指导，统一认识，明确评学目的，把握评价标准，确保评学质量。

第十四条 评学工作是每一位任课教师应尽的职责和义务。任课教师应本着对学生负责的态度，加强教学过程评价，全面了解学生，客观公正地进行评学工作，并按时完成评学工作任务。

第十五条 教师评学一般以行政班为单位进行评价；对合班课学生的评学，要分别对每个行政班级作出评价。

第十六条 各院（系、部）可根据学科专业特点和教学组织形式的特殊性，依照本办法的总体要求，制定切实可行的评学细则并报教务处备案。

第六章 评学结果

第十七条 充分利用教师评学结果，将其作为加强学风建设、完善管理机制、提升管理水平的重要参考依据。

第十八条 根据评学结果，针对发现的问题，院（系、部）组织深入班级进一步开展调研指导，制订整改方案，促进师生共同发展。

第十九条 评学结果可作为班级评优评先的参考依据。

第七章 附 则

第二十条 本办法自颁布之日起开始实施。

第二十一条 本办法由教务处负责解释。

样例制度七：

领导干部听课制度

教学工作是高等学校的中心工作，教学过程管理与检查是稳定教学秩序、保障教学质量的关键。领导干部听课是教学质量监控与信息反馈体系中的重要组成部分，也是提高教学管理水平、促进学校教学改革与“三风”建设的重要途径。为进一步转变工作作风，树立为教学服务的意识，促进学校各级领导干部深入教学一线了解教学实际情况，及时研究解决教学工作中的问题，深化教学改革，不断提高教学质量，特制定我校领导干部听课制度。

一、听课人员范围

校级领导干部、各职能部门和各院（系、部）处级干部及教学部主任。

二、听课课程范围

1. 所听课程为专业培养方案中设置的所有课程，包括：理论课程、实验课程和实践课程。

2. 校领导和职能部门领导可在全校范围听课；院（系、部）领导以听本单位教师承担的课程和其他院（系、部）教师承担的本单位学生的课程为主；教学部主任以听本专业及相关专业课程为主。

三、听课方式

听课人员可根据课程表采取独立随机随堂听课方式，也可参加学校、院（系、部）教学部组织的集中听课或诊断性听课。校级领导可采取听课或看课方式，采用看课方式时要对所看课程的情况有详尽描述，如，时间、地点、任课教师、上课情况、发现问题并提出指导性意见或建议。其他人员均采用听课方式。

四、听课任务及要求

1. 听课人员应提前到课堂或听课地点，每次听课不少于 1 学时完整课程。

2. 听课次数：每学期校级领导不少于 4 次；各职能部门处级干部不少于 5 次；院（系、部）处级干部及教学部主任不少于 6 次。

3. 听课过程中应认真做好记录，听课后客观公正地填写评价意见。

五、信息反馈

1. 对教师授课反映出来的情况和问题，听课人可在课后通过适当方式向授课教师进行反馈。

2. 领导及有关人员对听课过程中发现有重大问题或共性亟待解决处理的问题，听课后要及时反馈给教务处或有关管理部门，有关责任部门要及时研究给予解决处理。

3. 教务处及时收集课堂教学基本情况，对《听课笔记》中所记载的主要情况和问题进行整理、汇总，向校领导汇报，及时对相应问题进行解决。

4. 听课人员每学期末须将《听课记录》交本部门办公室或秘书进行统计汇总，并填写《河北科技师范学院领导听课情况汇总表》及听课情况总结的纸质版及电子版材料报送教务处备案。

5. 领导干部听课情况可作为教学管理人员业务考核和各二级教学单位年终教学工作业绩考核的依据之一。

六、附则

本办法自颁布之日起施行，由教务处负责解释。

第二节　教学督导队伍的建设

作为教学督导工作的主角，教学督导队伍的素质是督导工作成败的关键。为了确保教学督导队伍持续有效地发挥作用，探讨教学督导队伍建设的方法，寻求督导队伍完善发展的途径，是一个重要的研究课题。

目前，各高校的督导员大都由具有丰富的教学或教学管理经验、德高望重、学术造诣较高、关心本校教学事业的离退休教授、副教授和校处级领导来担任。此外，还有一些来自在岗的教师、领导或管理人员中的兼职人员。这种“专兼结合、以专职为主”的督导队伍可以取长补短，增强教学督导工作的科学性和时代感。

河北科技师范学院一直以来非常重视督导队伍的建设，实行校院外加学生信息员三级管理教学督导反馈机制，选拔了一批具有较丰富的教学和教学管理经历、有较高的学识水平、在教学和教学管理方面有较强的能力、有较高思想政治理论和政策水平，坚持原则、实事求是、办事认真公道，有权威性和可信度、有良好的人格魅力、有健康的身体和良好的心理素质的督导人员，在督导队伍建设过程中积累了一些经验，主要包括以下几点：

一、严格教学督导员的条件及遴选

（一）严格督导人员的素质条件。督导队伍人员具备高素质，是开展好督导工作的前提条件。

1. 文化素质。（1）知识结构。所谓知识结构是指一个人所具有的各种知识的搭配和排列。一般来说，知识结构有“Ⅰ”字形、“T”字形和“开”字形。我们提倡教学督导人员具有“开”字形知识结构，既有广度，又有深度，纵横交叉，彼此渗透，文理相通，具有创造力。教学督导人员最为理想的知识结构可用图 7-2 表示。

图中最上面的一栏表示的基础知识，包括一般基础知识和专业基础知识。包括天文、地理、历史、自然、物理、化学、社交、伦理等知识，再下面的一栏表示专业知识，作为专家在某一专业领域要有一定的造诣。此外，还需具备一定的综合知识。包括社会学、心理学、经济学、政治学、逻辑学、管理学、市场学等知识。（2）实践经验。督导人员除要受过良好的教育，一般还要具有副高以上职称，要有从事教学或教学管理的经历，具有扎实的书本知识和丰富的实践经验。

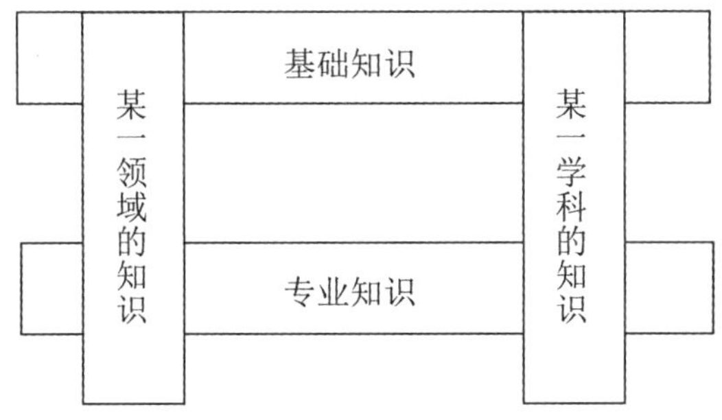

图 7-2 教学督导人员知识结构图

2. 心理素质。(1)优良的性格，性格是一种潜在的能够对人的行为起决定作用的心理素质。性格构成人的态度体系，给人以惯常的行为方式。性格与能力的关系极为密切。良好的性格能推动能力的发展并能补偿能力的某些弱点，相反，性格缺陷则会成为能力表现和发展的障碍。(2)能保持良好的心境，心境是一种拉长了的情绪，它使人的语言行为都染上某种特定的情绪色彩。良好的心境是指个体无论是在积极的心理体验（如高兴、亲切、安全、平静、自豪等)，或是消极的心理体验（如失败、痛苦、悲观、失望、压抑、紧张等）中都能保持积极进取的心境。具有良好的心境的人能用理智控制激情，用主体意识选择感情，能保持心理平衡。(3)自我机制平衡协调，自我机制是心理素质的主要方面，所谓自我机制是指“主我”和“客我”的发展程度及其构成的一定关系。“主我”是动作行为的发出者，是主体的我；“客我”是动作行为的承受者，是客体的我。

3. 行为素质。行为素质即行为能力，但这里所说的行为不是专门的行为，而是一般的行为。(1)虚心好学。(2)融会贯通。(3)开拓创新。(4)适应环境。

4. 业务素质。(1)社交能力。(2)处理信息的能力。(3)沟通传播的能力。(4)组织能力。(5)管理能力。(6)决策能力。(7)专业能力。(8)动手能力。

5. 职业道德。(1)遵纪守法。(2)廉洁奉公。(3)诚实守信。(4)保守机密。(5)公正公平。(6)勇于批评。

二、加强教学督导员的自身建设

(一)坚持学习和研究

教学督导是教学质量监控体系的重要组成部分，其工作目标是保证教学质量、促进高校发展，它通过对教学活动全过程及其管理进行检查、监督，从而总结经验，发现问题，并及时进行分析与指导，力求达到保证教学质量的目的。而这些活动都需配合学校的工作重心协调进行，其工作方式、工作重点、工作目的也是阶段性的、动态变化的。因此，要坚持学习党和国家的教育方针政策及法规、主管行政机构的文件；学习先进的教育理念和教学管理的知识，熟悉教学督导基本理论和实践方法；学习本学科和相关学科的知识；坚持交流工作心得，分析工作情况，研究工作策略，集思广益，最有效地开展各项工作。

（二）树立正确的督导理念

教学督导员在工作中要树立“以人为本”的理念，从教师的角度出发，提倡进行换位思考，把督导工作从原来以检查、监督为主转为以鼓励和提倡为主。要抱着向教师们学习的态度，善于发现好的教学典型，虚心听取师生对教学工作的意见、要求和呼声，热情地发现并推广优秀教师的教学经验，与教师一起共同探讨解决教学问题的有效途径。要摒弃去监督、去检查的心态，在评教中以同行的身份出现，尊重教师，平等待人，以谈心的方式、商讨的方法，以共同研究切磋的精神，使教师心悦诚服地接受意见。

（三）加强工作责任心

教学督导员要认识教学督导工作的重要性，以高度的责任感和敬业精神来进行高质量的督导工作，要按照督导工作的规范办事，认真履行职责，按时按量完成任务，用心去投入，用智去解难，用情去感化，而不是敷衍了事。还要善于团队合作，个人解决不了的难题，由集体商量解决，而不轻易放弃。每个督导员的工作，都是工作链中的一环，只要每一环都保证质量，相互间又有高质量的结合，督导工作就会发挥出强有力的效果。

三、加强教学督导员团队建设

（一）构建结构合理的教学督导队伍

教学督导队伍应考虑年龄结构、学科结构、职务结构、性别结构，比较合理的队伍结构是由已经离退休的老教师、在职教师、管理人员组成，这样使得队伍不会因年龄老化而观念滞后，精力和时间可以互相协调和补充；另一方面，要考虑文理结合、工管结合，使得各有特长的教师优势互补，产生能力叠加的效果；而性别的不同，也方便督导员去面对不同的对象、应对不同的问题。同时，在队伍素质建设上实现个体与团体的结合。就个体而言，也许我们的督导员具有很强的能力，却难以做到十全十美，而且过高的要求也是不切实际的。但是我们可以通过个体的组合，发挥个人的特长，取长补短，完成各项不同特性的工作，从而发挥团体的完美作用。要注重团队精神的培育，使团队成员充满工作激情，在合作和谐的氛围中工作，并从中享受到乐趣和成就。

（二）建立教学督导队伍的建设机制

要建立激励机制，充分调动教学督导员的积极性，给教学督导员以适当的物质奖励、精神奖励，是提高教学督导员积极性的重要手段；要建立督导工作的认同机制，提高教学督导员认同度和权威性，树立督导先进典型，宣传督导工作经验及研究成果，是树立教学督导员良好形象、增强认同度的重要途径；要建立督导员的培训机制，重视督导员的经验交流与业务培训，多创造学习的机会，增强督导员做好工作的信心，提高督导工作能力；要建立督导工作评价机制，使督导员能明晰他人所长及自身之短，调整自我，完善发展。

（三）加强教学督导队伍的创新管理

首先要树立督导机构的核心力量，确立高威信强有力的带头人，把大家的力量凝聚在一起，朝着共同的目标努力。二是要通过创新思维，激发工作的动力和活力，不断寻求解决实际问题的更好的办法。三是要通过创新方法，建立督导信息交流研究的平台，借鉴别人的经验，拓宽自己的视野，从而审视自己的工作方法和效果。四是在工作成效上体现短期与长期的结合。督导工作是以“督”为手段，“导”为目的，而“导”的对象是教师、学生、管理人员。做人的工作是不可能一蹴而就的，是一项长期的工作，是一项需要接力的工作。例如，督导听课就要随着课程的进程，有针对性、有时效性地提出具体意见，才能起到真正的指导作用。特别是对一些青年教师，长期的考察、全面的指导才能真正利于他们的成长，以偏概全、急功近利的做法只会起到负面的作用。

第三节　教学督导与监控评价体系与机制建设

一、评价体系建立的意义

教学质量是高等学校建设与发展的永恒主题和生命线。高等教育作为我国人才培养的摇篮，肩负着为社会培养创新型人才的历史重任。在普通高校的教育教学中，科学构建教学督导与监控评价体系对提高教学质量，促进教学工作的深入开展有着重要的理论指导意义和应用价值。普通高校只有不断地审视自己的定位、人才培养目标和办学指导思想，才能确保教学质量标准的执行和教学目标的实现。

科学构建教学督导与监控评价体系：（1）有利于对影响教学质量的诸多因素和教学过程的各个环节，进行积极认真的规划、检查、评价、反馈和调节，以确保教学工作按计划运行。（2）有利于保持良好的教学运行状态，既可以从宏观上掌握学校教学目标设计与实际实现之间存在的差距，亦可以从微观上了解各门课程目标实现与否，这就为下一阶段的目标制订提供可靠的实践依据，是教学管理走向科学化的一种重要保障。（3）有利于强调定性评价方法的应用，改变以往只注重单一的量化评价方法，把定性评价和定量评价有机地结合起来，实现评价指标的多元化。（4）有利于在实施过程中不断总结经验、查找问题、不断完善。（5）有利于发挥各机制的评价功能，使各评价机制成为促进教育教学发展与提高的功能。

教学督导与监控评价体系的建设在高校教学质量管理过程中起着重要的作用。首先，教学督导对教学全部相关因素、教学整个发展过程进行监督，查找教学过程中各个方面的问题，是一个教学因素的评价系统、是一个教学过程的监控系统、是一个教学目标实现的预测系统。教学督导是一个非常灵活的教学问题诊断系统，可以根据教学的具体情况、实施状态、教学进程设计督导主题，开展特定对象、特定问题、特定环节的监督、检查。此外，教学督导还是一个极具柔性的诊断系统，可以对教学中抽象的因素、难以量化的因素进行督导，比如教风、学风、教学态度等。总之，教学督导可以对教学实施过程进行全维度的检查，诊断各个方面的潜在问题。 其次，评价体系的建立可以提升教师的素质。教学质量的高低，关键由教师的素质和教学水平所决定。教师的成长周期大概是5年，成长周期比较长，而且即使一些教龄比较长的教师在教学过程中也存在很多教学问题，比如教学方法单一、板书混乱、教案不规范等等，这些问题影响着教学的质量。通过教学督导，可以帮助教师发现自己在教学中的问题，并和督导人员一同讨论如何提高自己的教学水平，而督导队伍中的老教师则以自己丰富的经验和较高的专业水平来指导教师，使教师的教学水平很快提高，从而提升教师队伍的整体素质。而且，评价体系的建立还能协助教学管理和决策。教学督导组织和教学管理部门存在多种关系，包括隶属、合作等，在这些关系中教学督导组织对教学管理的作用是协助、参谋教学管理。教学督导组织经常与教学管理部门共同工作，比如参与教学评比、考试等，教学督导中发现的问题要反馈给教学管理部门，除了反映“实然”，教学督导组织还反映教学“应然”，帮助教学管理部门找出差距，并提出行动方案、原则、策略等，供教学管理部门为教学改革做参考。

总之，科学构建教学督导与监控评价体系是提高普通高校教育教学质量的需要，是教学管理工作逐渐走向规范化、科学化的需要，也是建立教学质量监控保证体系中自我约束的有效途径，是学校自我诊断评价、自我约束、自我完善的重要手段。对提升普通高校办学效益和办学水平，促进教学秩序的稳定和教学质量的整体提高具有十分重要的现实意义。

二、评价的种类

（一）学生评教

学生评教是教学评估的一项重要工作，开展学生评教的主要目的是协助教师和教学管理人员了解教学情况，总结经验以促进教师的专业发展，提高教学质量。学生评教每学期进行一次。评教的内容主要包括教学态度、教学内容、教学方法、教学效果及对教师的总体评价等。学生评教的重要性主要体现在以下几个方面：一是及时发现并解决教师教学中存在的问题；二是提高学生参与教学活动的主人翁意识；三是形成师生之间良好的交流；四是为改进教学工作打下坚实的基础。学生评教是对教师师德师风、课堂教学规范、教学秩序等方面的一次检查，能够提高学生对教学管理的参与意识，突出学生作为教学活动的主体地位，及时了解学生对各位任课教师的评价，从而为教师们提高教学质量提供参考意见。

（二）教师评学

教师评学是学校全面了解学生学习状况，健全教学信息反馈系统，加强学风建设和教风建设的手段之一。教师评学要求任课教师从学生学习态度、课堂行为、纪律状况、学习效果等方面对其任课的每个班级的学风进行公正、客观的评价。通过教师评学活动，能够全面了解各教学班级的学生学习情况，学风建设情况，“诊断”出学生在学习过程中存在的各种问题，并采取有针对性的措施解决这些问题，对提高教学质量起着重要的作用。

（三）督导组、学生信息员评优评先

教学督导队伍和学生教学信息员队伍是教学质量监控反馈体系的两支重要队伍。为推动二级教学督导工作的科学化、制度化、规范化建设，调动二级教学督导工作的积极性，提高工作质量和效率，鼓励先进，鞭策后进，全面提升学校教学督导工作质量和水平，2011 年教务处出台了《河北科技师范学院教学督导先进单位评比表彰办法》，2013 年又对该办法进行了重新修订。

河北科技师范学院自 2012 年进行第一届先进督导单位评选开始，截至目前共组织了三届评比活动，累计评出先进单位 15 个，学校对其颁发荣誉奖牌并给予一定的物质奖励。通过督导先进单位的评选活动，充分体现出了我校教学督导工作有理念、有制度、有实践、有行动、有亮点、有特色、有数据、有事迹，教学督导工作真正做到了进课堂、进实践、进考场、进基层，并且达到了以评促建、以评促管、以评促改，相互交流、学习、提高的目的。

学生教学信息员是在教学督导室直接领导下，主要收集、汇总学生对任课教师教学态度、教学水平的意见和建议，教学过程的各环节包括备课、课堂教学、实验教学、实践环节、课程设计、考试等的意见和建议。为建立科学完善的教学质量监控体系，充分发挥学生参与教学管理的主体作用，2011 年教务处又出台了河北科技师范学院《学生教学信息员管理办法（试行）》，

2013 年又进行了重新修订。依据此办法，教务处每年从新生中每班遴选 1 位教学信息员，到 2015 年遴选出 5 届教学信息员，共计 962 人。依据该文件，教务处还制订了相应的优秀学生教学信息员评选方案。自 2011 年始，每年对学生教学信息员本着“自由申报、公平竞争、严格把关、分步进行”的原则进行评选，截至目前共选出优秀学生教学信息员 155 人。对其颁发荣誉证书并给予一定的物质奖励，信息员的工作为提高学校教育教学质量起到了很好的监督、推动作用。

三、评价指标体系

教学督导是对教学活动、各个教学环节、各种教学管理制度和教学改革方案等的实施进行咨询、督导和引导。通过建立和制定各种教学评估指标体系，对各种教学与教学管理工作进行评估，形成公平的竞争机制，营造良好的学习、学术氛围。目前河北科技师范学院采用有丰富教学经验的专家督导和学生评教相结合的评分方法，对教师课堂教学质量进行评价，并作出价值判断。其目的是帮助教师认识其教学活动中的不足、改进教学方法、提高教学质量，同时评价结果可用于总结评优，奖励先进，推出教学骨干和评选精品课程等。

评价指标体系既不能过于笼统，又不能过于繁琐。笼统的指标体系看似全面完备，但缺乏实际的可行性，在打分时由于缺乏统一的打分标准而显得随意性大，常常出现对有些指标的评价敷衍了事，很难做到对教学质量评价的科学化、客观化，严重影响了评价的实效性。同时使得被督导者对评价结果持怀疑态度，长此以往评价结果失去了权威性，使教学督导与评估流于形式。从更深层次看，繁琐的指标反映了评价者对被评价者对象特征的认识尚不深刻，不能抓住本质内容。因此，在确定评价指标时，应根据施行结果逐项进行筛选，保留最本质指标，这样不但提高了评价的可行性，同时也增强了评价的科学性。

四、高等学校教学督导与监控框架图表

教学督导是对教学活动全过程及其管理进行监督、检查、评估、指导的

活动，从而保证教学质量，是高校教学质量监控体系的重要组成部分，旨在为教师的自我改进、自我提高、专业发展服务。而合理的教学督导评价体系是教学督导科学实施和总结的有力保证。下图为河北科技师范学院教学督导与监控框架图表。

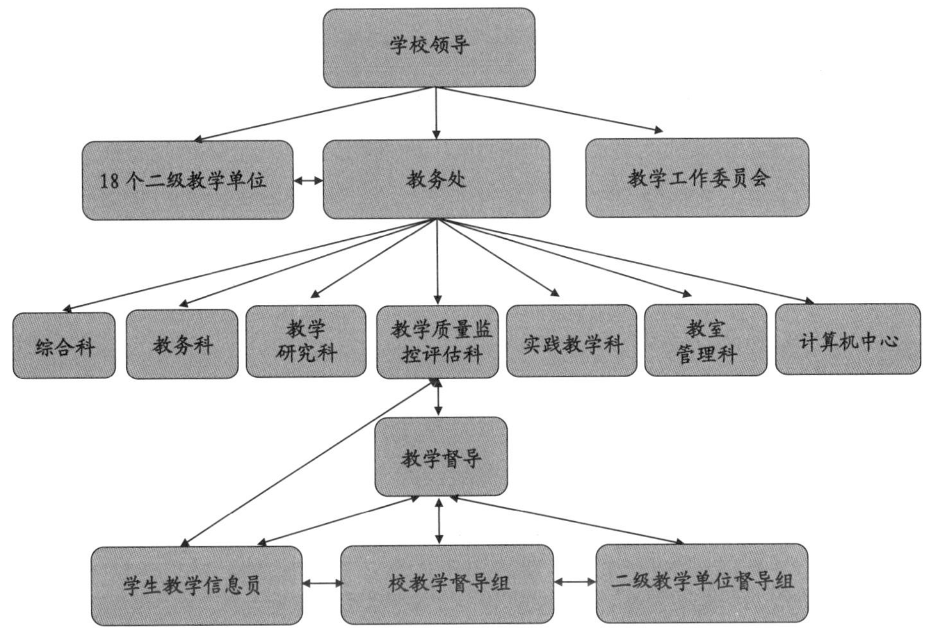

图 7-3 教学质量监控管理体系简图

第四节　高等学校教学督导信息反馈机制建设

一、教学督导监控简报

河北科技师范学院自 2010 年 12 月成立了教学督导组，教务处成立了教学质量监控评估科以来，就本着及时传递信息、通报情况、完善管理、激励先进、鞭策后进，全面提高教育教学管理质量的目的，定期编辑印制《教学督导工作简报》。《简报》的编发工作，得到了学校领导、教务处领导的大力支持，其栏目的设置得到了教务处领导的亲自指导，并对每一期具体内容进行认真细致的审核。学校督导组成员也为《简报》的编发献计献策，提供充分的基础材料。

《简报》中反映的问题涉及面较广，包括：教学管理、理论教学、实践教学、教学设施设备、教学环境、“三风”（教风、学风、考风）建设、后勤保障、安全保障、图书资料等等，几乎涉及学校的方方面面。每一期《简报》均发送给各位校领导、二级院（系、部）及各相关部门，对学校各项管理工作、各部门发现的问题均能提出相当中肯、积极的意见建议，对促进学校整体管理水平尤其是教学管理水平；对全校教学秩序的稳定及整体教学质量的提高起到了积极的推动作用。教学督导简报样例如下：

样例一：

河北科技师范学院

教学督导工作简报

2011 年第 2 期（总第 2 期）

教务处主编　　　　　　　　　　　　　　　　2011 年 4 月 18 日

==================================

2010-2011 学年第二学期初教学督导检查情况通报

领导重视　督导得力

本学期开学前教务处提前布置和安排了学校教学督导专家组的督导工作。开学第一周，学校有关领导、教务处领导及相关科室负责人、校教学督导专家及二级教学单位领导对全校教学运行情况进行了全面检查。教学督导组全体专家工作认真，忠于职守，分别在秦皇岛校区、昌黎校区、开发区校区和欧美学院校区开展教学检查督导工作。

自校级教学督导组及教学质量监控评估科成立以来，教务处及督导组各位专家本着督导结合的原则，关心和爱护教师，尤其是青年教师。在巡视检查和现场听课中，发现问题及时真诚地与任课教师交换意见并提出建议，使教师的责任意识进一步加强，教学水平进一步提高，规章制度进一步落实，学生学习效果进一步提升，教风学风和管理作风进一步改善，教学秩序进一步规范。

开学以来，我校绝大多数教师能遵守学校教学规章制度，提前到岗组织教学活动，检查出勤，了解学生情况。多数教师具有较高的教学热情，课前准备充分、内容熟练，对课程知识把握处理得当，对学生严格要求，教学效果好。

有的教师为克服自身声音小和麦克位置固定等不利因素，使用了自费购置的腰麦，提高了讲课效果。

欧美学院利用大学生自律委员会的出勤检查、登记汇报制度，对整顿学生迟到现象收到了较好效果。

教学运行　秩序井然

第一周教学运行的检查督导，重点侧重检查教学运行、教师到岗和学生到课率等情况。第二、三周后，侧重检查新上岗及青年教师情况，作了重点听课。在教学秩序巩固并好转的基础上，兼顾教学质量的检查，重点是本学期新开课和开新课教师的教学质量检查。对发现的问题及时与教务管理部门和各二级教学单位询问核实，按教学管理层次、权限、程序及时纠正并及核实了多起无调课手续、私自停课和调课、学生到课率低以及教室座位不足等各种情况。

存在问题　有待解决

一、教学及教学管理方面

1. 少数教师缺少爱岗敬业责任感，未能执行教学规章制度。第一周停、调课比例较高，有的教师没有履行必要手续，私自停调课，甚者被查到时还推说正要补办手续。

有的教师到岗较晚，踩着点进教室，课前准备紧张，上课 5 分钟课件还没准备好。

有的教师过分依赖多媒体课件，甚者脱离课件不能正常授课；有个别教师经常坐着讲课；个别青年教师教学既不用课件，也没有板书而是完全照本宣科。

个别教师责任心较差，对学生出勤情况不管不问，疏于管理，课堂上放任学生随意进出教室，随意吃东西、嬉戏亲昵、睡觉及玩手机等行为。

有的教师教学目的不明确，教学逻辑性和层次性差，方法欠妥，甚至占用部分课时播放不相关的娱乐内容，直接导致教学效果差。

2. 新开课、开新课检查中存在的问题。

部分新开课、开新课的教师，备课不充分，知识储备不足，对教材理解浅显，讲授缺乏深度，有效信息太少。

3. 学生迟到现象较普遍，毕业生严重缺课。

有的院系对毕业班学生管理松懈，学生到课率极低。在秦皇岛和开发区校区，到课人数常常不足 10 人。

二、教学条件与设施方面

昌黎校区 11 阶教室投影仪位置未调正，课件内容不能完全投射到屏幕；11 阶、12 阶和主楼 C 区的有些区域听不到铃声，1 号教学楼 C 区 1 楼铃声偏小；1 号教学楼 C307 阶梯教室的黑板右框脱落、有多处座椅损坏有待修理。

严格管理　强化督导

1. 本学期开学初教务处已将《河北科技师范学院听课记录》发放给校级领导、二级教学单位处级以上干部及其教学督导组成员。《听课记录》的电子版也已挂在教务公告中供各二级教学单位教学部主任及普通教师听课时下载。各级领导要对教学给予高度重视，深入教学第一线、深入课堂，特别是二级教学单位领导及其督导组应及时了解和掌握本部门教学管理及运行的情况。

2. 各二级教学单位要充分发挥教学管理、检查和督导的主动性和权威性，重申管理制度、教师行为规范和各层次管理人员职责。加强对本部门教师的教育、督导和管理，做到“把好自己的门，管好自己的人”，避免违背教学管理规程中相关规定的情况发生，如再次发生教师违纪问题，一经核实，不再与本单位沟通落实，直接按有关规定予以处理。特请各二级教学单位通知到每位教师，否则，由本单位负责对本部门教师解释。

3. 加强对新开课、开新课、外教和外聘教师教学效果和责任心的考察，尤其应加大对外教和外聘教师规范管理的力度。充分挖掘校内的宝贵资源，减少低水平的外聘。

4. 进一步加强课堂秩序的管理，尤其是加大毕业班学生返校上课情况检查，加强对毕业论文（设计）完成进度和质量的检查。

5. 建议网络中心及后勤服务管理部门随时对教学条件及相关设施进行检查维护，为教学工作顺利开展提供可靠的保障。

教学质量监控评估科编印

编 辑：　　　　　　　　　　　　审 核：

报送：书记，校长，校办，各二级院（系、部），相关部门

（共印 50 份）

样例二：

河北科技师范学院

教学督导工作简报

2012 年第 2 期（总第 6 期）

教务处主编　　　　　　　　　　2012 年 4 月 25 日

==================================

本期导读：

1. 教务处布置本学期教学督导工作重点
2. 教务处组织召开教学信息员工作阶段总结会
3. 教务处组织教学督导先进单位评比工作
4. 教学督导及教学信息员反馈情况通报

教务处布置本学期教学督导工作重点

开学伊始，教务处处长武士勋主持召开了教学督导工作会议，布置本学期教学督导工作重点，指出，本学期教学督导工作除完成巡课、听课等日常工作外，重点检查实习实训、毕业论文（设计）计划的落实情况；实验课、体育课两课上课情况；检查二级教学督导组工作计划落实情况；教学部工作计划的制订落实情况；组织集中听课。

教务处要求，各二级教学单位教学督导组除落实本单位教学督导工作计划外，应配合学校督导工作重点积极开展各项工作，上下联动，将学校教学督导工作做得更好，为学校教学秩序的良好运行保驾护航。

教务处组织召开教学信息员工作阶段总结会

2012 年 4 月 12 日在秦皇岛校区，教务处组织召开了教学信息员阶段性工作总结会。教务处处长武士勋在会上通报了开学以来学生信息员的工作情况、周报表和月报表报送情况及其反馈信息的处理情况。肯定了同学们认真负责的工作态度和所取得的工作成效，指出了信息报送中存在的问题及今后需改进的方面。要求同学们本着对学校、对自己负责的态度，不计报酬，把这项工作当成一次很好的锻炼和社会实践的机会，为学校整体教学质量提升做出自己的贡献。

教务处组织教学督导先进单位评比工作

依据河北科技师范学院《教学督导先进单位评比表彰办法（试行）》(〔2011〕5 号）及《关于报送教学督导先进单位评比材料的通知》〔2011〕32 号）精神，2012 年 1 月 4 日教务处组织召开了教学督导先进单位评审工作会议。听取了各二级教学单位教学督导组组长进行的督导工作汇报，对全校 18 个二级教学督导单位进行了现场评审打分。通过纸质材料评审、现场工作汇报评审、校教学督导组及教务处职能科室、学校教学工作委员会综合打分，评出 4 个优秀二级教学督导先进单位，依次是：生命科技学院、工商管理学院、外国语学院、财经学院（具体评审结果见以下附表）。

教务处要求各教学单位以此次评比为契机，查漏补缺，真抓实干，使本单位教学督导工作尽快步入规范化、科学化的轨道，保证本单位良好的教学秩序。

附表：2011年教学督导先进单位评比结果

序号	参评单位	纸质材料评审打分（满分40分）	校督导组及教务处相关职能科室打分（满分40分）	校教学工作委员会打分（满分20分）	综合得分	评比结果
1	生命科技学院	37.52	30.15	16.29	83.96	第一名
2	工商管理学院	36.23	29.31	15.48	81.01	第二名
3	外国语学院	35.45	29.00	15.67	80.12	第三名
4	财经学院	35.94	28.23	15.67	79.84	第四名
5	机电工程学院	34.80	26.08	15.95	76.83	
6	食品科技学院	34.24	26.92	15.48	76.64	
7	园艺科技学院	34.60	26.92	14.85	76.37	
8	城市建设学院	34.92	26.23	14.90	76.06	
9	欧美学院	32.23	27.69	15.71	75.63	
10	文法学院	33.73	26.62	15.29	75.63	
11	思想政治理论教学部	33.68	26.00	14.43	74.11	
12	理化学院（化学督导组）	33.73	25.92	14.20	73.86	
13	动物科技学院	33.04	25.77	14.95	73.76	
14	数学与信息科技学院	32.88	25.77	14.76	73.41	
15	教育学院	32.10	26.15	15.05	73.30	
16	理化学院（物理督导组）	33.73	24.00	13.57	71.30	
17	艺术学院	27.08	22.46	12.80	62.34	
18	体育系	0.00	24.46	14.19	38.65	

样例三：

教学督导及教学信息员信息反馈情况通报

教务处对开学以来校教学督导组专家教学检查情况汇报及教学信息员填报的教学信息周报及月报中反映的信息进行了汇总、梳理，发现全校整体教学秩序稳定、教学运行情况良好，但仍存在一些问题，应引起重视。以下是具体情况通报。

一、总体教学秩序良好

多数教师和学生均能认真履行教学任务，多数提前到岗，重视出勤考核，教学态度认真；部分教师教学方式灵活，熟悉知识结构和内容，对教学重点、难点安排得当，能够兼顾前后知识的联系与区别；部分教师讲课效果有明显提高。

二、较为突出或急需解决的问题

（一）学生管理及教学秩序方面

1. 学生出勤率低。在学生出勤方面仍有几个专业部分班级部分课程的出勤率很低，抽查中发现几乎每天都有出勤不足三分之一的班级。问题较为突出的有：体育保健专科1101-02、体育1001-02、体育专接本11级、旅游0901-02、市营0901-02、网络0901-02等班级。

2. 学生上课迟到现象仍较严重，每天上午、下午的第一节课都有学生严重迟到的班级。

3. 教师上课迟到的问题。如：第六周周五1-2节汉本10级中国古代文学课的任课教师8：04还未到课堂；还有的个别教师踩着上课铃声进教室；个别技能训练课的教师不能按时到课。

4. 个别教师擅自停调课。具体表现：不履行正常调课手续，私下通知学生停调课；教学楼停电后，擅自停课等现象。如：第六周周四1-2节城市建设学院工管0901-02班工程估价课的任课教师私自电话通知学生第一节停课。

5. 任课教师对长期缺课学生的成绩如何处理的问题。

6. 停调课频率较高。

7. 教师教态方面的问题。具体表现：个别教师上课期间不关手机、上课对学生发脾气、讲话有失教师身份。

（二）教学条件、设施及其他教学服务场所方面

1. 各校区均存在部分多媒体教室教学设备需及时维修维护的问题。具体状况：投影显示不清、设备故障较多、电子教鞭电池更换不及时等情况。

2. 各校区部分教室桌椅损坏急需及时检修、更换的问题。昌黎校区、秦皇岛校区均有反映，尤以阶梯教室桌椅损坏严重。

3. 教室桌椅配备问题。学生在各教室之间随意搬移桌椅问题突出，各校区均有，开发区校区较严重，秦皇岛校区、昌黎校区次之。

三、个别问题

1. 学生建议增加自习室。

2. 逸夫楼部分多媒体教室的窗帘遮光性差，不能满足投影教学光线需要。

3. 个别教学区域上、下课铃声听不清或铃声需及时校准的问题。

4. 个别教室板擦、粉笔需及时提供。

5. 学生反映图书馆开闭馆时间、图书资料不全或更新不及时、电子阅览室网速慢等问题。

四、教务处对以上问题的落实情况、意见和建议

（一）落实情况

1. 针对学生管理及教学秩序方面发现的问题，教务处在已印发的2012年第1期《教学及督导简报》中提及。针对之后出现的同类问题，又与相关院系负责人进行了沟通。敦促二级教学单位加强对本单位教师的管理，强化二级教学单位的教学管理及教学督导工作。针对学生上课迟到及到课率低的问题，要求各二级教学单位查清原因，采取有效措施，狠抓学生出勤率及到课率。

2. 针对体育课出现的问题，已与体育系相关领导沟通，要求严肃整顿教学秩序。

3. 针对城市建设学院个别教师私自停调课问题，教务处已通知该院进行认真核实，该院也已对该教师进行了严肃处理。

4. 针对校教学督导专家发现的欧美学院校区的有关问题，随时通知欧美学院相关部门，由欧美学院核实处理。

5. 针对多媒体教室方面发现的问题，已通知网络与现代教育技术中心处理。

6. 针对教室窗帘问题和教室桌椅随便搬移的现象，已通知后勤与国有资产管理处，该处对此专门进行了调研和调整。

7. 对教学督导组和教学信息员反映的教师缺课情况，已逐一与教务科备案的调课单进行了核实。缺课教师大多履行了调课手续，只有个别教师缺课原因不明，我们也已与当事人沟通核实。对确未在教务科履行正常停调课手续的教师一经核实将在全校通报批评；对私自停调课的教师将按学校教学管理相关规定予以处理。

（二）意见和建议

1. 针对以上各类问题，教务处及校教学督导专家建议各相关单位认真对待，是哪个部门的问题就由哪个部门负责落实解决。若今后仍出现同样问题，教务处将直接报请学校处置。

2. 针对教师上课迟到及私自停调课现象，一经查实，教务处将直接通报。望各二级教学单位高度重视，对本部门教师提出严格要求。

3. 针对教学楼停电后使用多媒体教室上课的教师擅自停课现象，教务处及校教学督导专家建议教师必须注重教学基本功训练和灵活教学方式的应用，不能过分依赖多媒体设备，禁止教师因停电擅自停课。

4. 针对任课教师对长期缺课学生的成绩如何处理的问题，要求按《河北科技师范学院课程考核管理规定》执行。

（三）教学信息员是学校聘请的教学监督员，任何人不得对信息员工作进行干扰和打击报复，如发现，一经核实，将对其行为进行严肃处理。

教务处教师意见公共邮箱：jkk8076589@163.com

联系电话：8076589

教学质量监控评估科编印

编 辑：　　　　　　　　　　审 核：

报送：书记，校长，校办，各二级院（系、部），相关部门

（共印 50 份）

样例四：

河北科技师范学院

教学督导工作简报

2013 年第 2 期（总第 11 期）

教务处主编　　　　　　　　　　　　2013 年 3 月 18 日

==================================

本期导读：

1.“领导重视教学”在践行

2. 副校长房海组织召开工作协调会

3. 开学前补考情况

4. 学校聘任第二届教学督导专家

“领导重视教学”在践行

2013 年 3 月 4 日，我校正式开学。新学期伊始，党委书记辛彦怀到教务处调研，了解开学准备情况；校长王同坤、副校长房海亲临教学一线检查课堂教学，指导教学工作；教务处领导带领教务科、教学质量监控评估科、教学督导组人员均提前到岗进行开学初教学运行情况检查。教务处及督导专家组成员认真负责的工作态度，受到王校长称赞；王校长对学校教学督导专家组的工作给予了高度评价。

之后，王校长在武士勋处长、刘国良副处长的陪同下，从 7 点 50 分开始，巡视检查了秦皇岛校区的教学情况。

随后两周，教务处领导和教学质量监控评估科带领校教学督导专家巡查了各个校区的教学运行情况。

检查情况简要通报如下：

一、总体情况

1. 检查发现，除发现个别专业学生迟到和缺勤现象外，各教室学生出勤率高，听课认真；各校区全体教师准时到岗，教学秩序良好。总体情况好于以往各个学期。

2. 各院系领导和二级督导人员在开学初前两天认真检查教学基本情况。开学以来坚持巡查督导比较好的教学单位有园艺科技学院、外国语学院、工商管理学院、城市建设学院等。

二、发现问题

1. 已通知开课的个别专业选修课，开学后又临时通知不开了，但学生已经购书，引发学生不满。

2. 个别单位的个别专业仍存在严重缺勤、迟到现象，尤其是个别一年级的学生也存在这种现象，应引起重视。

3. 个别院系领导对开学初教学运行情况检查不够重视，其二级教学督导组也未能真正发挥其监督检查作用，在开学以来这段时间未能及时到教学一线进行巡查。

4. 欧美学院东院个别多媒体教室因钥匙未及时归还引起课堂衔接紧张。

三、意见建议

稳定的教学秩序是保证良好教风、学风的基础，教务处要求，今后每学期开学初前两周，各院系领导要亲自带头到教学一线检查教学运行情况，二级教学督导组更要主动开展各项督导检查工作，切实行使监督检查的职能，了解掌握本部门教师到岗、学生出勤等情况，及时发现、记录出现的各种情况，及时处理发现的问题，真正做到“领导重视教学、管理服务教学”。

副校长房海组织召开工作协调会

2013 年 3 月 18 日上午，副校长房海组织召开由教务处、继续教育学院、职教所、网络与现代教育技术中心、体育系等相关部门负责人参加的工作协调会。

会上，副校长房海听取了各部门所作的 2013 年工作设想和工作安排汇报，并提出了指导性意见：一是各部门要按照 2013 年学校党政工作要点，落实好本部门的各项工作；二是在工作过程中，要充分发挥主观能动性，从制度建设抓起，创造性地开展工作，体现各项工作的创新性和特色；三是工作中要少务虚多务实，脚踏实地，真抓实干，务求实效。

开学前补考情况

2013 年 3 月 1 日，教务处组织了开学前补考。为加强考风建设，严肃考场纪律，教务处处长武士勋强调，今后对在校生的各项考试要进一步加大教学督导的监督检查力度，要求校级教学督导人员全部参加巡考检查工作。

检查发现，除部分考生缺考外，教务处的考前准备及组织、考场秩序等各方面总体情况良好。监考教师全部提前到岗，认真负责地安排座次、严格检查相关证件、严明考场纪律。

教学督导十位专家在各分管校区，认真巡考，每场必到，全程监控，考场纪律明显好转，保证了本次补考的秩序和考试质量，为我校良好的学风、考风建设发挥了积极的作用。

学校聘任第二届教学督导专家

我校第一届校级教学督导组任期已满，专家们一贯认真、负责的工作态度，良好、亲和、与人为善、循循善诱的工作作风，得到了学校领导的高度评价和全体教师们的认可，为我校教学质量的稳步提高发挥了重要的作用，做出了特殊的贡献。

为进一步完善教育教学质量监控体系，保障全校教学秩序的持续稳定、提高，经研究，学校决定聘请以下10位专家组成我校第二届校级教学督导组，聘期自2013年3月1日至2015年1月31日，组成人员公布如下：

组长：徐 秋

副组长：何文林　李荣和

成员（以姓氏笔画为序）：

王新鸣 刘宝海 何文林 李荣和 李敏翠

邵　忠 陈洪斌 张素平 徐　秋 焦红光

督导侧重工作分工

<table>
<tr><th>姓 名</th><th>侧重工作校区</th><th>办公地点</th></tr>
<tr><td>徐 秋</td><td rowspan="3">秦皇岛</td><td rowspan="3">老教学楼105</td></tr>
<tr><td>李敏翠</td></tr>
<tr><td>邵 忠</td></tr>
<tr><td>李荣和</td><td rowspan="3">开发区</td><td rowspan="3">综合楼301</td></tr>
<tr><td>刘宝海</td></tr>
<tr><td>王新鸣</td></tr>
</table>

（续表）

姓 名	侧重工作校区	办公地点
何文林	昌 黎	综合楼 114
陈洪斌		
张素平		
焦红光	欧美学院	欧美校区办公楼 A511

教学质量监控评估科编印

编 辑： 审 核：

报送：书记，校长，校办，各二级院（系、部），相关部门

（共印 50 份）

样例五：

河北科技师范学院

教学督导工作简报

2014 年第 2 期（总第 15 期）

教务处主编 2014 年 6 月 23 日

==================================

本期导读：

1. 日常教学督导检查情况
2. 小学期考试检查情况
3. 集中听课检查情况
4. 2014 级毕业论文（设计）答辩检查情况
5. 教务处召开 2013 级教学信息员工作交流会

日常教学督导检查情况

近期，学校教学督导组开展了以教学秩序巡视检查和随机听课为主的活

动，并在听课过程中对部分教师的教学感悟、体会存在的问题进行了交流，同时对教案进行抽查。检查发现全校教师到岗及学生出勤情况良好，教学秩序稳定。简要情况通报如下：

一、课堂秩序：任课教师均按时到岗，绝大多数老师能提前做好课前准备，课上认真组织教学，积极为学生答疑，课堂秩序总体良好。但个别专业、个别年级仍存在学生上课出勤率偏低和迟到的现象。

二、课堂管理：个别教师对部分专业的学生疏于管理，原本出勤就不太好的班级，到“五一”假期以后出勤率进一步降低，且迟到现象严重，此现象在各个校区蔓延。

三、教案抽查：教学督导在随机听课过程中对部分教师的课程教学大纲、授课计划和教案进行了抽查，大部分教师符合要求，但也有个别教师的教案过于简单，只列有章、节标题，无各节的主要内容、重点、难点、教学方法手段等。

四、教材方面：绝大多数师生对学校的教材供应办法和效果有意见。学生没教材对教学效果很不利，不能助长翻印正式出版物和教材的风气。

五、教室设施：昌黎校区部分黑板因使用频繁严重露白，影响教师板书和学生识别，直接影响教学效果。秦皇岛校区个别教室也有此现象，建议有关部门对黑板及时维护。昌黎校区有个别教室门及桌椅有损坏现象，需维修。

小学期考试检查情况

第十周是小学期考试周，教务处领导对小学期考试给予了高度重视，考试工作安排细致、周到，并加强了督导巡视检查。

本学期小学期考试主考老师均能提前到岗，试卷发放及时，交接事项完备。监考过程中，监考教师认真履行监考职责，仔细核对考试证件；严肃考试纪律，及时发现、警示、制止不良现象，对违规违纪的考生不姑息，及时处理，严肃了考风考纪，保证了小学期考试的顺利进行。

集中听课检查情况

为保证教学秩序稳定，促进各院系、各学科专业间的交流与了解；了解教师授课、学生上课等教学一线情况，教务处组织了由学校督导组专家、各二级教学单位督导组组长及教务处领导和教学质量监控科工作人员组成的听课小组，于本学期第 12 周在全校范围进行了集中交叉听课活动。听课小组分别对开发区、昌黎和秦皇岛三个校区进行了集中听课检查，本次共听取了 60 多人次，50 多门课程，听课面广，涉及专业多。具体情况通报如下：

一、总体情况

听课发现，多数教师均能够提前到岗并按照教学常规组织授课，教师爱岗敬业，学生出勤率高，课堂气氛比较活跃。课堂上，大部分教师授课能够由浅入深，循序善诱，重点突出、思路清晰，讲话逻辑性强，能调动学生情绪，课堂气氛相当活跃，并充分利用多媒体授课，学生听课认真，教学效果良好；部分老师课件质量较高，能吸引学生注意力，师生之间互动精彩。

专家们在听课过程中认真负责，及时将发现的问题反馈给任课教师，并提出相应的改进意见和建议。

二、问题与建议

1. 课程进度：个别教师不能很好地把握课堂进度；有的年轻教师课程安排随意，与教学计划相差很大。

2. 课堂效果：个别教师语速过快，有的教师课堂上对学生的反馈关注较少，整个教学过程不关注学生，只顾自己讲，教学效果不佳。建议加强与学生之间必要的互动、沟通和交流。

3. 课堂组织：教师应加强对课堂秩序的掌控和组织管理。个别课程出勤率很低；有些教师对随意出入课堂、迟到时间较长的学生不制止、不提醒。还有些课上存在学生玩手机、睡觉、看其他书、做其他作业、说话等现象。

4. 教态教风：个别教师课前准备不充分，踩点进教室；个别教师对授课内容不熟悉，讲课内容出现错误；还有个别教师课堂上随意吐痰、在课堂上无目的随意走动等现象，建议各院系加强对教师教态教风的培养和教育。

5. 教师技能：部分教师板书不规范、不能因材施教、课件质量不高、与学生不能有效沟通互动等，因此，建议进一步加强对青年教师教学技能的培养。可以针对优秀教师的授课录像或精品课录像做教学性的分析说明，形成教学范例，在网上共享供广大教师参考以提高教师技能。

6. 教材方面：学生没教材的现象非常普遍，教与学最终影响了教学质量。

7. 教学设施：个别多媒体教室投影机因设备陈旧经常出现过热保护关机等现

象，影响教学效果，应及时更新。多媒体教室的计算机应定期检查维修，清除病毒，保证课程的顺利进行。此外，有的教室上课时出现人多桌椅少的现象，有些教室堆放多余的课桌椅，影响通行，请后勤保障部门及时进行排查、调整。

2014级毕业论文（设计）答辩检查情况

为了解各单位答辩组织管理及答辩现场情况、保障2014届毕业论文答辩工作稳步进行，教务处于第13、14、15周组织校教学督导组、质量监控科、实践教学科工作人员对2014级论文（设计）答辩工作进行了抽查。整体来看，各单位领导重视、组织到位、秩序井然、过程完整；教师指导得力、学生学习认真，检查情况通报如下：

一、领导重视、组织到位

各单位领导重视，答辩组织工作到位，答辩组人员组成符合学校相关规定要求，答辩程序规范。如，化学工程学院、城建学院、体育系等院系及艺术学院音乐教育专业。

其中，化学工程学院组织的混合答辩组特色突出，教师与学生在答辩过程中有问有答又有辩，现场学术气氛浓厚；学生重视论文答辩，除应参加答辩的学生外，暂时无答辩任务或下一届的学生也自愿到场观摩。

城建学院、体育系及艺术学院（只抽查了音乐教育专业）等院系各级负责人分布在各组，亲临现场组织指导并参加答辩，答辩过程中，教师态度诚恳、认真负责，提问内容突出重点要害问题，客观公正，答辩班级的学生全部到场，答辩学生虚心听取、认真记录指导教师提问，表现出色。

二、指导得力、客观公正

答辩组成员符合规定要求；答辩程序规范，答辩组教师认真负责，审查论文严格，提出的问题有一定深度，提问内容突出要害问题，客观、公正；答辩组分工明确，协调性较好。有的答辩组教师之间对相关问题有商讨，对学生进行有的放矢的指导，教师指导得力。

三、学生认真、撰写规范

学生均使用PPT陈述论文，主要问题阐述比较清楚；能够耐心听取、认真记录并回答教师提出的问题，虚心接受老师的指导；有的学生为完成论文，做了大量工作（如，生物技术答辩组做了大量切片），学生论文档案材料比较齐全，撰写规范。

各组参加答辩的学生中也有部分下一届学生旁听以便为自己答辩时积累经验。

四、发现问题

1. 个别学生论文题目有误；

2. 个别结论与实验数据不相符；

3. 有的论文题目与内容不能严格对应；

4. 学生论文材料多数只带了论文设计修改稿；

5. 部分论文存在一些问题：如，论文涉及的主要概念不清楚、调查对象选取不科学、中英文概念不相符；

6. 个别论文教师指导不够细致深入、把关不严；

7. 有的答辩组提出的问题过于肤浅，欠缺学术氛围。

教务处召开2013级教学信息员工作交流会

2014年4月3日，教务处在秦皇岛校区组织召开2013级教学信息员工作交流会。教务处质量监控科工作人员和我校教学督导专家参加了交流会。会上，通报了教学信息员的工作情况，针对学校教学质量、教学管理等方面做了问卷调查，为2012级优秀学生教学信息员及2013级教学信息员颁发了荣誉证书和聘书。最后，同学们开展了知识问答、你比我猜活动。

教学质量监控评估科编印

编 辑：　　　　　　　　　　审 核：

报送：书记，校长，校办，各二级院（系、部），相关部门

（共印50份）

样例六：

河北科技师范学院

教学督导工作简报

2015年第1期（总第17期）

教务处主编　　　　　　　　　　　　　2015年3月18日

＝＝＝＝＝＝＝＝＝＝＝＝＝＝＝＝＝＝＝＝＝＝＝＝＝＝＝＝＝＝＝＝＝＝＝

本期导读：

1. 开学初教学检查情况通报

2. 教务处加强对开学初各项教学工作的安排部署

3. 学校召开第二届教学督导工作交流总结及第三届教学督导专家聘任会议

4. 开学初学生补考情况

5. 教务处组织对2015届毕业生学籍、成绩的核查

开学初教学检查情况通报

新学期开学第一周，教务处领导带领教学质量监控科、教务科及学校教学督导专家组对各校区教学准备的各环节及教学秩序进行了检查，发现整体情况良好，教学秩序井然。具体情况通报如下：

一、总体情况

1. 领导重视：开学第一天，校领导和教务处负责人带领督导专家组巡视检查了秦皇岛校区的教学情况，之后又陆续对其他校区进行了检查。

2. 管理部门：教务处教室管理科利用寒假期间对全校的多媒体教学设备进行了检修和维护，为开学后教学的顺利进行提供了良好的环境；教务科督促了教材的征订、到库情况。

3. 校级督导组：校教学专家督导组成员认真履行职责，全天候按时巡查各个校区的教学基本运行情况，其严谨的工作态度和无私奉献的敬业精神，得到了广大师生认可，受到各级领导的称赞。

4. 教师方面：绝大多数教师均按时提前到岗，准备多媒体，调试课件，发现问题课前及时处理，做好上课准备工作；课上教学态度认真负责，认真

履行教书育人职责。多数任课教师对学生严格要求，讲授课能够吸引学生注意力，学生课堂积极性较高。

5. 学生方面：绝大多数学生能按时返校上课，学生出勤率较高，到课学生听课认真，课堂秩序良好。

6. 二级学院：各院、系党政领导和二级督导人员在开学初认真检查本单位教师的教学和学生到课率等基本情况。开学以来坚持巡查、督导比较好的教学单位有城建学院、数信学院、园艺科技学院、食品科技学院、生命科技学院、外国语学院、工商管理学院、文法学院、思政部、物理系等单位。

7. 教学环境：教学楼环境维护较好，尤其是昌黎校区的教室卫生环境始终保持良好状态，负责教学楼卫生的人员，全天候值班、随时维护，时时保持清洁，就连窗户的滑道槽都始终清洁如洗，得到督导专家和教务处领导的一致好评，值得其他校区学习和借鉴。

二、发现问题

1. 经巡查发现个别单位的个别教师有踏着上课铃声进教室的现象，因此没能提前开机准备并调试多媒体设备，有的上课十来分钟后才发现设备运行不良、或者软件不兼容，影响了上课效率和教学质量。此现象在开发区校区相对较严重些。

2. 检查发现个别专业部分学生未能按时返校，部分已经返校的学生存在迟到和缺勤现象，有的专业个别班级出勤不足三分之一，艺术学院此现象比较严重。

3. 个别教学单位的个别课程的教学安排在假前没有落实到位，造成开学后调换教师、调换教室等一系列变动，影响了教学秩序的基本稳定。

4. 个别单位的专业选修课，存在假前拖拉，没有敲定的现象。

三、意见建议

1. 建议各类选修课的选课名单必须在假前敲定，并精准通知到相关师生。

2. 各单位每学期的课表可在假前广泛公告，征询漏洞，最后在假前几天敲定，必要时可用本单位教学文件形式公布，强调其严肃性。此外，应严格停调课手续和备案制度，为以后计算课时报酬、评先、晋级乃至学校评估等环节提供可信依据。

3. 建议因转专业导致学生数变动较大的相关二级单位，放假前及时考虑该专业的相关课程、教室容量和任课教师教学任务的变动等，提前做好开学前的准备。

4. 秦皇岛校区北院东侧所有教室，通常容纳80至90人的窄长大教室只有一个门，存在安全隐患，教务处及督导专家曾多次建议利用假期或双休日在后边增开一个门，但至今仍未落实，再次呼吁相关部门重视并尽快解决这一安全隐患。

另外，部分教室门上没有观察窗或有的被粘贴盖住了，建议相关部门尽快处理此问题。

5. 应充分发挥二级学院教学部的作用，以老带新，加强对青年教师的培养；青年教师应增强责任意识，在尽快提高教学水平和教学能力外，课余时间要多关心学生成长，正确引导学生勤学上进，青年教师应多与学生交流，做到教学相长，增进师生感情，培育良好的教学氛围。

6. 针对部分专业个别年级的学生缺勤、迟到等顽疾现状，乃至学生上课玩手机、吃饭、喝饮料等不文明礼貌、不遵守课堂纪律等不良行为，建议学校各部门齐抓共管，集全校之力，多部门协同（包括党、政、工、团、学工部、教务处，尤其是各二级单位领导、师生、任课教师、大学生自律委员会），对学生加强文明、礼貌、遵纪、向上、向善的教育。

教务处加强对开学初各项教学工作的安排部署

新学期伊始，为保障各项教学工作按计划有序进行，教务处专门发布了《关于做好新学期开学初教学等有关工作的通知》，对本学期初有关教学工作进行了统一安排和部署，第一，要求各单位按教学安排落实好任课教师的上课情况；第二，安排本单位教学督导加强开学初对教师上课和学生出勤情况的重点检查；第三，要求各任课教师准备好上课所需的各项教学文档；第四，加强对学生新学期的报到注册管理等；并要求各单位报送各项检查的书面材料。此举措，为开学初稳定教学秩序起到了很好的敦促作用。

学校召开第二届教学督导工作交流总结及第三届教学督导专家聘任会议

2015年3月12日，我校召开了第三届教学督导工作会议及专家聘任仪式。副校长房海、教务处处长武士勋、教学质量监控科工作人员及全体受聘督导专家参加了会议。会议由教务处副处长刘国良主持。

会上，受聘督导专家分别进行了发言，对上一聘期督导工作进行了充分的交流与探讨，分析总结了过去督导过程中的成绩和经验，提出了今后督导工作的设想。

会议一致认为，我校教学督导体系完善、制度规范，督导专家们一以贯之、兢兢业业、无私奉献的精神、高度的责任意识及出色的工作成效得到了全校师生的认可，专家们勤勉的工作保证了良好的教学秩序，为促进我校教学质量的稳步提高起到了不可替代的作用。

最后，房海副校长进行了总结发言。房校长对教学督导专家高度的责任意识给予了表扬，对专家的工作给予了充分的肯定。并希望专家们在今后的工作中一如既往，把工作做得更好，为学校的发展做出更大的贡献。

会后举行了专家聘任仪式，房海副校长为每位专家颁发了聘书并合影留念。

开学初学生补考情况

开学第一周周末，教务处组织了2014至2015学年度第1学期不及格学生补考。为严肃考风考纪，教务处组织校教学督导专家组加强了对各校区考场的巡视工作，逐场检查监考人员到岗和考生出勤情况，查看考试秩序和监考人员执行考场纪律情况。

一、总体情况

检查发现，各校区考场秩序良好。整个考试过程，领导重视、考前准备充分、考场安排得当，学生携带考试证件齐全，遵守考场纪律。全体监考人员提前到岗组织安排考试，严格执行考场纪律，及时妥善地解决了偶发问题，并认真逐一检查同学的考试证件，对未带证件的，要求必须提供。

二、发现问题

1. 学生重视不够：个别学生对补考重视不够，多数考场均不能全勤，并存在迟到现象。尤其是体育系一、二年级部分学生对考试时间漠不关心，不能按指定时间参加考试。

2. 交卷时间太早：在《政治经济学》考试中，开考20分钟多名学生要求交卷，在开考不到40分钟时已全部交卷。

3. 试卷审查不严：开卷考试的试卷上应注明“开卷”字样。

教务处组织对2015届毕业生学籍、成绩的核查

为确保2015届毕业生各项资格审查的准确性，寒假前教务处发布了《关于2015届毕业生学籍、成绩核查等有关事宜的通知》，要求各院系自通知下发之日起对2015届毕业生的学籍、成绩等相关事宜进行核查，通知中就有关学籍信息核查及毕业生成绩的核对、毕业成绩的录入、毕业补考安排等相关事宜作了统一要求；同时还特别提醒各单位通知所有毕业生尽快核查本人成绩；要求公共选修课学分不足的学生关注教务处有关选课通知及时到网上选课。此举为2015届学生顺利毕业提供了保证。

教学质量监控评估科编印

编 辑：　　　　　　　　审 核：

报送：书记，校长，校办，各二级院（系、部），相关部门

（共印50份）

样例七：

河北科技师范学院

教学督导工作简报

2016年第2期（总第22期）

教务处主编　　　　　　　　2016年4月1日

==================================

本期导读：

1. 教学督导检查情况通报

2. 二级教学督导工作情况简介

教学督导检查情况通报

为巩固“三风”建设取得的成果，在第一周严格检查的基础上，学校各方继续联动进一步稳定教学秩序：全体校教学督导专家坚持一贯，每天早7：40到办公室开始准备巡课、听课，坚持常态化督导，课间不间断巡视；二级教学单位各级领导及其督导人员分组对本单位所属班级学生上课出勤情况和任课教师到岗及课堂秩序情况进行常规化的巡视检查；学生处成立了“学生课堂行为规范督查组”，组织并带领学生干部深入课堂一线检查学生出勤情况并作详细记录，及时反馈，经过多方齐抓共管，开学两周以来，各校区教学秩序稳定，教学氛围好。具体情况通报如下：

一、课堂教学督导检查情况

（一）教师方面

绝大多数教师均能提前到岗，课前准备充分，教学态度认真；多数教师与学生有良好互动，教学效果好，如：吴焕春、赵会娟、戴振清、肖念新、赵永光、刘建平等教师。

部分数学老师主动利用自己的课余时间为学习困难的学生单独讲授辅导，如：张步英老师等。

部分教师注重课堂组织管理，树立学生课堂风气，强调课堂纪律，注重学生上课考勤，学生到课率高，如：李会新老师。

一些新聘任及外聘教师对我校教学基本要求不明确，各二级教学单位及教学部应对其做出进一步强调和要求。

（二）学生方面

1. 相对开学第一周，第二周以来，出勤情况稍有波动，尤其是每天的1、2节和5、6节课，迟到学生较多。

此情况已引起教务处及学生处的重视，学生处加强了对学生的管理，组织大学生自律委员会人员于上课铃响前在教学楼各个楼层值班观察，并有检查记录。

2. 校园教学区无线网络的启用，方便了师生上网学习，但近期发现学生上课玩手机的现象却明显增加，望各位任课教师引起注意，正确引导，并进一步加强课堂教学管理。

3. 学生上课“三无”现象严重：有些学生上课无教材、无笔记本、无学习用具，只带手机上课，明显影响学习效果，学生需进一步明确学习目的、端正学习态度、改进学习方法。

（三）教学设施环境检查

开学初，校级教学督导组在日常教学督查的同时，对各校区教室环境进行了检查，对发现的问题进行了汇总并报送相关部门予以处理。

二、实践教学督导检查情况

为加强我校实践教学规范化、有效化管理，切实提高实践教学质量，本学期以来，我校重点负责实践教学的督导组成员，依据各单位实践教学计划安排，对实践教学项目的实施情况进行了巡查，共督查了26位教师、52个班级的实践教学课程，具体情况如下：

（一）巡查的部分院（系）实践教学开展情况

1. 财经学院：财经学院克服种种困难，与秦皇岛港务局责任有限公司、秦皇岛中秦兴龙控股集团等4个有实力的国有和民营企业建立了联系，为学生提供良好的实习环境，实习组织有序，实习接收单位对学生实习表现给予了高度评价，学生也表示实习收获大，效果好。

2. 教育学院：在第二周对教育学院的几位教师实验课的检查中发现，教学大纲、计划、指导书不齐全，通过督查，引起了学院领导及教师重视，之后及时进行了整改，补齐了所有课程的教学文档。

3. 数信学院、教育学院：在计算机软件技术类课程的理论与实践教学方面进行了有效的改革，在机房授课实现了理论与实践的紧密结合，边讲解边作示范，然后学生实践，大大提高了教学效果及学习效率。

4. 化工学院：基础化学实验的计划、实验大纲、指导书到位，实验落实有序，课表安排规范，特别是学生实行实验预习制度，教师课前预做实验，效果较好，值得肯定。

（二）发现问题

1. 实践教学环节的教学文档（三大件）不全：教学文档未跟上，实验教学大纲、指导书、教学计划或不全或全缺或陈旧，文档质量也亟待提高，这不符合教务处2013年5月份颁发的《河北科技师范学院实验教学管理条例》的相关要求，二级实践教学督导工作急需加强。

2. 实习计划安排报送不及时且信息不详：到第三周末时各院（系）报送

的实验（实践）教学计划表还未交齐且信息不具体，相当一部分计划只有一个时间区间，如："第6周～10周"或"5.5～5.31"等，有的计划安排中"实验日期"一栏无任何内容，因无具体时间地点等详细信息无法正常有效地进行督导检查。

3. 实践教学课程安排不尽合理，存在一位教师指导分布在2个教室的近100名学生实验课的现象，教学效果明显受到影响。

（三）意见建议

各单位应进一步加强实践教学文档建设，尤其是对实验教学大纲、指导书、教学计划这三大文档应进行一次摸底检查及修订完善工作，切实保证实验教学的有序及有效性；针对实验及实践教学计划报送及计划内容中发现的问题，教务处要求各单位在实习前两周须提交详细实践教学计划安排（包括具体时间、地点、带队教师等详细准确的信息），为管理部门及时了解和掌握各单位实习情况提供详细准确的信息资料；实验课与理论课同等重要，实验课的安排应科学合理，时间安排上更不能随意调整变动。

二级教学督导工作情况简介

本年度二级教学督导人员重新选聘以来，各单位积极开展教学督导工作。从部分单位报送的督导简报等材料中了解到，外国语学院开学初进行了教学部教学活动情况检查、教学文档检查，其试行的课堂桌牌制管理，对强化课堂考勤，优化课堂秩序，提升课堂教学效果作用明显。

财经学院召开了由学院领导及全体教学督导组成员参加的教学督导工作专题会议，重申教学督导的重要意义、遵守的原则和重点督导内容，教学督导组制订了督导工作计划和下一阶段的工作安排，研讨了教学督导方法，进行了经验交流，为今后有序有效开展督导工作开了个好头。

教学质量监控评估科编印

编 辑：　　　　　　　　　　　　审 核：

报送：书记，校长，校办，各二级院（系、部），相关部门

（共印50份）

二、教学督导监控催办函

河北科技师范学院一直坚持教学督导监控催办函制度，用于教学督导日常事务性工作的处理。催办函具有以下特点：（1）沟通性。催办函对教学督导监控部门和各二级学院之间相互洽谈工作、询问和答复问题，起着沟通桥梁的作用，不但简洁得体，还能突出督导意见的具体内容。（2）灵活性。表现在两个方面：一是行文关系灵活。催办函是平行公文，没有其他文种那样严格的特殊行文关系的限制。二是格式灵活。催办函灵活自便，不拘泥于格式要求。教学督导监控催办函往往是对督导监控过程中发现的典型事例和问题与相关部门进行沟通，更能以灵活的形式表扬先进事迹、解决相关问题。（3）反馈性。各单位在接到催办函后，要履行相应手续，一是对需要通报的相关情况予以通报。二是对需要承办的事情予以落实。三是对需要进一步核实的情况，要写出核实反馈材料。四是对需要处理的情况要拿出处理意见。见催办函样例：

样例一：

教务处关于贵单位教学情况通报（便函）

编号：N2016008 号

×××学院：

学校督导第五周检查发现一些典型，能够吸引学生关注，学生到课率高，听讲认真，课堂秩序良好的相关任课教师有：×××、×××。

教务处质量监控科

2016 年 4 月 5 日

样例二：

教学督查信息反馈与整改通知单

<u>×××</u> 学院　　　　　　　　　　　　编号：N 2016028 号

<table>
<tr><td>项目</td><td>具体内容</td><td>意见和建议</td></tr>
<tr><td>学校教学巡查反馈信息</td><td>学校教学督导组在开学第 2、4 周教学巡查过程中发现涉及贵院有如下问题：
1. 第 2 周：9 月 5 日 7、8 节，302 教室，××× 迟到 2 分钟；
2. 第 4 周：9 月 19 日 3、4 节，705 教室，××× 迟到；
3.9 月 21 日（周三），第 3 节，511 教室，××× 迟到，10：15 打电话询问还在半路上。</td><td>以上情况请进一步调查核实。
1. 针对上课迟到 2 分钟左右的情况，请提醒任课教师严格按学校要求按时到岗上课；
2. 针对第 3 条，请将核实情况及整改意见由本单位督导组领导签字、加盖公章后于一周内反馈到教学质量监控评估科。
教务处（盖章）
2016 年 10 月 13 日</td></tr>
<tr><td rowspan="2">二级教学单位核实及整改情况</td><td>核实情况</td><td>整改情况及处理意见</td></tr>
<tr><td></td><td>教学督导主管领导签字：　　单位（章）
年　月　日</td></tr>
<tr><td>学校复核情况</td><td colspan="2">教务处复核人签字：　　（盖章）
年　月　日</td></tr>
</table>

注：1. 针对学校教学巡查反馈信息，相关院（系、部）需进一步调查核实，及时进行整改，对较严重的问题提出处理意见，填表后于一周内将此表反馈到教务处教学质量监控评估科。

2. 质量监控评估科联系电话：8076589；邮箱：jkk8076589@163.com

三、教学事故处理

教学事故是指教师、教学管理人员、教学辅助人员由于主观原因对正常教学秩序和教学质量造成不良影响和后果的行为。教学事故直接影响教学秩序的稳定，而稳定的教学秩序是教学工作顺利进行的基本条件，是提高教学质量的重要保证。

（一）教学事故情况通报

为维护教学秩序，保证教学质量，教育本人，警示他人，教务处对构成教学事故的人员进行全校通报，确保全体教师汲取教训，引以为诫，自觉维护教学秩序，减少或杜绝教学事故的发生，确保全校教学正常有序开展。

（二）教学事故处理

教学事故分为一般教学事故、严重教学事故和重大教学事故三种。涵盖了课堂教学、考试、学生成绩、教学管理、教学保障等环节。发生教学事故后，主要或直接责任者须主动地向所在院（系、部）或教务处书面报告事故的原因，并作出书面检查。

1. 教学事故处理的依据

教学事故的处理依据《河北科技师范学院教学事故认定与处理暂行办法（修订）》进行。

2. 教学事故处理的程序

教学事故由教学事故认定委员会进行认定，教学事故认定委员会由主管教学校领导、教务处领导、事故发生单位代表、监察处领导、学校法律顾问和其他相关人员构成。教学事故认定委员会办公室设在教务处。

教务处在接到事故调查报告之后 3 个工作日内组织召开教学事故认定委员会委员会议进行认定，认定程序：

（1）事故发生单位代表提交相关材料并代表事故责任人进行申辩；

（2）委员对所提交材料进行讨论，若意见无异议，由教学事故认定委员会主席作出认定意见；

（3）委员对所提交材料进行讨论，若意见有异议，由教学事故认定委员会委员表决，以超过实际表决人数多数为有效认定意见；

（4）形成文件，将处理结果，告知本人。

（5）教学事故责任人预计教学事故可能发生，及时采取措施，降低或消除不利影响，教学事故认定委员会在认定事故时，可作为从轻或减轻处理的理由。

教学事故认定委员会应根据事故调查报告认定事故等级，提出处理意见。一般教学事故由事故责任人所属单位认定和处理，并报教务处备案。严重教学事故的认定与处理意见由校长审批，重大教学事故的认定与处理意见报校长办公会审批。

3. 教学事故处理的结果

对一般教学事故，由事故责任人所在单位提出通报批评，同时取消责任人当年年度评优资格，根据情节轻重及态度好坏对事故责任人扣发一定数额的岗位津贴（以月津贴额为基本单位）。

对严重教学事故，由学校主管校长对责任人签发《教学事故通知书》，除由学校提出通报批评外，延期 1 年晋升高一级专业技术职务，根据情节轻重对责任人扣发一定数额的岗位津贴（以季度津贴额为基本单位）。

对重大教学事故，由学校主管校长对责任人签发《教学事故通知书》，全校提出通报批评，扣发责任人事故发生年度岗位津贴、延期 3 年晋升高一级专业技术职务，根据情节轻重给予记过、留校察看行政处分，直至调离教学、教学管理、教学保障岗位，开除公职。教学事故通知书样例如下：

样例：

河北科技师范学院教学事故通知书

编号：

________同志：

（事故描述）____

____

____。

现根据学校《教学工作规程》《教学事故认定与处理暂行办法》（院教字〔2003〕55 号）第四条的有关规定，经＿＿＿＿＿认定为＿＿＿＿＿教学事故。

经研究，决定处理如下：

1. ＿＿＿＿＿＿＿＿＿＿＿＿＿＿＿＿＿＿＿＿＿＿＿＿＿＿＿＿＿＿；

2. ＿＿＿＿＿＿＿＿＿＿＿＿＿＿＿＿＿＿＿＿＿＿＿＿＿＿＿＿＿＿；

3. ＿＿＿＿＿＿＿＿＿＿＿＿＿＿＿＿＿＿＿＿＿＿＿＿＿＿＿＿＿＿。

教学事故当事人如果对教学事故认定及处理结果有异议，可在接到本通知书后 10 日内向教务处提出书面复议申请，逾期视为无异议。

特此通知。

签发人：　　（单位公章）

年　月　日

第五节　高等学校教学督导工作的总结交流提高

没有学习交流就没有提高，河北科技师范学院历来重视教学管理人员、教学督导人员、学生教学信息员业务素质水平的提高，通过组织校内及校外交流、学习、考察等活动提高其业务素质、增进友谊、加强了解。

教学督导人员的校内交流主要是以教学督导先进单位评比等活动的开展为引领，在校内搭建起学校和各院（系、部）、校级督导和二级督导、各院（系、部）之间“三级三方”互通的交流学习平台；为开阔眼界、增长见识、自学校教学督导组成立以来，教务处不定期组织教学管理人员和教学督导专家到其他高校或校外实习基地交流、考察，同时也接待兄弟院校到我校交流考察的人员。通过校内之间、校校之间、走出去引进来等形式，推动教学督导工作的深入开展，对促进我校教学质量的提高发挥了很好的作用。

学生教学信息员的交流主要以校内交流为主，以优秀学生教学信息员评选及开展学生教学信息员工作交流会为引领，通过开展这样的活动，鼓励先进鞭策后进，传播经验，增进友谊，从而增强教务处与全体学生教学信息员的工作凝聚力，更好地开展教学质量监控工作。

以下是近年来教务处组织的部分交流活动及参观考察的材料。

邯郸学院教学质量监控中心孙主任一行来我校考察

2014年7月，邯郸学院教学质量监控中心主任孙鹏一行12人就教学质量监控与教学督导工作来我校考察。校党委书记辛彦怀在秦皇岛校区会见了孙鹏一行。我校教务处领导、学校教学督导组、相关二级学院的负责人参加了座谈会，并同邯郸学院孙鹏主任一行就教学管理、教学督导运行、教学质量监控等方面的情况进行了对口交流。

党委书记辛彦怀会见兄弟院校考察组

兄弟院校孙主任介绍工作

座谈会会场

赴河南检查实习并考察实践教学基地建设情况

2013年5月，学校组织校教学督导组部分专家赴河南林州太行大峡谷考察我校实习基地建设情况，并检查了城市建设学院在该基地近百名师生的实习情况。

专家们经过现场考察，认为城市建设学院党政领导和师生重视实践教学，带队领导和指导教师深入艰苦山区，克服困难出色完成实习任务的敬业精神值得表扬；实习学生在艰苦的环境下得到了心灵的洗礼和业务能力的提高，圆满完成实习任务，收效显著。

考察组一致认为，城建学院在此地设立实践教学基地是慎重和正确的选择。该基地生活费用低，基地还负责学生写生地点的安排和在百里长的大峡谷中的多次转场、生活接待及专业服务，工作安排合理到位。该基地的设立使得我校在全国著名写生基地占有了一席之地，城建学院师生严格管理和指导，促进了我校与外界的交流和知名度的提高。

赴青龙满族自治县检查实习并考察实践教学基地建设情况

2014年5月初，教务处组织校教学督导组人员赴青龙满族自治县职教中心和双山子艺术高中检查我校外国语学院英语教育和文法学院汉本专业的教育实习情况并考察校外实践教学基地建设情况。

检查人员通过深入课堂检查学生实习授课情况，以召开实习基地领导、实习指导教师及实习学生座谈会的方式，了解基地建设和学生实习情况。该县实践教学基地领导及实习指导教师对我校的办学给予了高度肯定，同时也提出了一些建设性意见。

赴黑龙江大学考察学习

2014年5月，为迎接教育部教学质量审核评估，教务处组织教学管理人员一行7人赴黑龙江大学参观考察取经。考察小组一行受到了该校校领导和教务处领导的热情接待。

赴黑龙江大学考察学习

在交流座谈会上，我校考察组成员认真听取了黑龙江大学教学副校长及教务处处长所作的教学质量审核评估经验介绍，了解了该校教学管理的运行机制及日常管理经验，深入各职能科室与其工作人员进行了面对面有针对性的直接交流，查看并带回了一些教学管理资料。

通过交流，学到了经验，受到了启发，增进了友谊，为今后兄弟院校间有效沟通建立了联系，扩大了我校的影响。

赴山西农业大学考察学习

为学习和借鉴兄弟院校在教学督导与教学质量监控等方面的先进经验，

座谈会会场

经学校安排，由教务处相关人员和校级督导组专家组成考察小组，于2014年10月12日赴山西农业大学学习考察高校教学质量监控及教学督导工作。

10月13日考察小组一行抵达山西农业大学，受到了该校校领导和教务处领导的热情接待。在农大安排的交流会上，我校考察组成员听取了山西农业大学副校长兼校督导委员会主任张虎芳教授、校督导委员会副主任武星亮教授的教学督导经验介绍，了解了该校教学督导的运行机制，听取了其日常督导和授权重大事项把关的经验，以及督导专家在各类项目评审、新专业申报、评优评先等各个环节中发挥专家的权威和主导作用情况，同时，带回了该校教学督导和教学管理方面宝贵的一手资料。

两校督导专家还相互交流了学生评教、评教结果的使用及其如何鼓励先进、鞭策后进、指导新教师等热点问题的处理措施与方法。

两校教务处领导、督导专家经亲切交流，互相取长补短，受到了启发，增进了友谊，藉此考察交流活动为今后兄弟院校的有效沟通交流搭建了平台，同时也扩大了我校的影响。

赴山西农业大学交流

双方人员合影

西南交通大学峨眉校区教学督导专家王凤臣来我校调研

2015 年 7 月，西南交通大学峨眉校区教学督导专家王凤臣来我校调研，我校教务处给予了热情接待。并召开了由教务处有关人员参加的座谈会，会上双方互相介绍了各自在教学督导方面的一些做法和经验，通过充分交流，互相借鉴、共同提高，建立了校际之间的友好关系。

赴北京、安徽检查实习并考察实践教学基地建设情况

2016 年 4 月，为进一步加强校外实践教学的督导检查，教务处根据我校有关专业校外实习计划安排，采取抽查的方式，组成由 2 名校级督导专家、主管科室负责人带队的督查小组，对部分校外实践教学基地学生实习情况进行了一次实地检查。

先后抽查了建筑装饰专业学生在北京的认识实习，城市规划专业学生在安徽的风景写生及美术学专业在泾县的风景写生实习，共涉及 4 个专业，252 名实习学生，18 位带队及指导教师。

督查小组就实习计划安排、实习组织、实习进展与效果、实习基地的条件及师生的生活状况等，通过与师生座谈、听取汇报、观摩学生实习作品、参观实习基地等形式与学院实践教学负责人、带队和指导教师及实习学生进行了充分交流，广泛征求师生意见建议，了解实习具体情况，并认真听取了实习基地人员对我校实习学生的评价，此次检查为今后我校校外实践教学基地建设与专业实习监管工作积累了经验。

考察组人员与安徽民俗专家合影

我校举办“我的校园我做主”教学信息员交流会

2016 年 5 月 31 日晚 7：30，教务处在秦皇岛校区多功能厅举办了以“我的校园我做主”为主题的 2015 级学生教学信息员交流会。校领导房海及校党

委宣传部、教务处、学生处相关负责同志，校教学督导组专家、部分二级学院督导组组长出席了交流会。

我的校园我做主

领导为优秀信息员颁奖师生合影

校党委常委、副校长房海在讲话中对教学信息员的工作给予了高度评价，称赞教学信息员队伍已经成为我校教学质量监控体系的一个重要组成部分，是教学管理部门的好助手，为学校教学秩序的稳定和教学质量的提高做出了特殊贡献。

会上，与会领导为2015级学生教学信息员颁发聘书，为2014级优秀学生教学信息员颁发了荣誉证书。2015级信息员代表和2014级优秀信息员代表分别作了发言。会上学生们还表演了精彩的节目，小品《信息员的故事》《纯闺蜜》《监考老师》，相声《我是信息员》，魔术，T台秀，歌曲，吉他弹唱等节目穿插其中，丰富多彩的节目演出和游戏互动使本次交流会精彩纷呈。

此项活动的开展，增强了信息员的归属感与凝聚力，扩大了教学信息员的影响，使同学们更加深入地了解教学信息员在学校教学管理及教学质量提高过程中起到的重要作用；加强了教务处与学生之间、信息员之间的联系和沟通，为今后调动广大教学信息员工作积极性，更加主动地参与学校的教学管理起到了积极的推动作用。

总之，教学督导制是加强教学管理、完善教学质量监控体系、提高教育教学质量的重要手段和措施。河北科技师范学院为了保持教学督导工作的可持续发展，采取了一系列的措施，如每两年对校教学督导专家队伍进行一次重新聘任工作，使校级督导专家队伍适时更新补充，同时对二级教学督导单位鼓励先进、鞭策后进；同时，学校出台了若干制度文件、制定了一系列激励政策，并组织评优评先等活动，到目前为止学校共进行了三届校级教学督导专家的选聘、三届二级先进督导组的评比、五届学生教学信息员队伍（共计962人）的遴选，累计评选出15个院系为先进督导单位；评选出优秀学生教学信息员共计155人。为保障各项工作的可操作性，学校设计了成套的各项工作表格，定期收集有关资料，根据实际情况及时反馈督导检查信息，适时编制《教学督导工作简报》，对检查发现的教学事故不姑息放纵，及时处置，使教学督导工作有布置、有落实、有反馈、有结果、重实效。同时，学校十分重视教学督导工作的总结、交流与提高，组织了各种学习交流等活动，对学校教学质量的提高起到了很好的推动作用。

参 考 文 献

[1] 杨文士．张雁．管理学原理 [M]. 北京：中国人民大学出版社，1994.

[2] 王光彦．大学教师绩效评价研究 [M]. 北京：教育科学出版社，2012.

[3] 刘冀生．企业经营战略 [M]. 北京：清华大学出版社，1995.

[4] 叶开炼，申呆华．学校教务工作实用手册 [M]. 北京：开明出版社，1992.

[5] 金宝明．高等学校教学管理指南 [M]. 呼和浩特：内蒙古人民出版社，2006.

[6] 武士勋，李宝龙．基础统计学 [M]. 北京：煤炭工业出版社，2005.

[7] 国家教育行政学院．新时期高等教育发展的新思路 [M]. 上海：同济大学出版社，2003.

[8] 曹洪欣．基于 B/S 的教学督导评估系统的设计与实现研究 [D]. 上海：第二军医大学，2007.

[9] 陈玉琨，代蕊华，杨晓江，等．高等教育质量保障体系概论 [M]. 北京：北京师范大学出版社，2004.

[10] 方云亮．高职院校教学质量监控系统研究 [D]. 成都：电子科技大学，2011.

[11] 高中玉，钟懿隽，温世浩，等．基于网络的信息化教学督导系统的构建研究 [J]. 中国高等医学教育，2010（9）：45-46.

[12] 韩蓓．我国高职院校教学督导存在问题及对策研究 [D]. 武汉：华中师范大学，2011.

[13] 胡平波，甘国华．高校教学质量评价指标体系的建设 [J]. 教育学术论刊，2009（12）：50-53.

[14] 胡燕玲．我国高校教学督导运行机制研究 [D]. 武汉：华中师范大学，2010.
[15] 江波，何秋钊，付茂洺，等．高校教学质量评价指标体系研究 [J]. 中国民航飞行学院学报，2004（5）：37-39.
[16] 黎荆．高校教师教学质量评价指标体系构建分析 [J]. 教育教学研究，2009（5）：115-117.
[17] 李珊珊，杨研，张雪娟．高校教学督导的现状调查及对策研究 [J]. 黑龙江教育，2010（9）：19-20.
[18] 李泽民．我国高校教学督导功能的变化发展趋势 [J]. 高等教育研究学报，2005，28（2）：47-50.
[19] 冒荣，刘义恒．高等学校管理学 [M]. 南京：南京大学出版社，1997.
[20] 聂逢春．高校教学督导体系建设与督导评价指标指导手册 [M]. 北京：高等教育出版社，2012.
[21] 石邦宏，王孙禺，袁本涛．我国高等教育质量管理趋势分析 [J]. 清华大学教育研究，2009（6）：109-113.
[22] 史美君．高校教学质量评价及其指标体系研究 [J]. 长春大学学报，1999（1）：67-69.
[23] 吴明清．发挥高职院校教学督导组织的多功能作用 [J]. 中国成人教育，2010（9）：79-80.
[24] 熊华芹．高职院校以学生为本位的教学质量监控体系探析 [D]．南昌：南昌大学，2014.
[25] 颜承元．高校服务型教学督导 MIS 系统的设计与实现 [D]. 上海：华东师范大学，2010.
[26] 张景雷，王会来．高职院校教学督导队伍现状分析及应对研究 [J]. 天津职业大学学报，2009（8）：77-79.
[27] 张钧澄，金涛声，朱作宾．试论高校教学督导的组织建设和工作机制 [J]. 中国大学教学，2003（11）：39-40.
[28] 张荣．高校教学督导信息化工作系统设计与应用研究 [D]. 宁波：宁波大学，2014.
[29] 张虽栓，张根明，郑巧芳，等．高职院校教学督导工作的探讨 [J]. 职教论

坛，2010，6（4）：35-36，37.

[30] 周茂东，陈坚 . 高职院校教学督导信息反馈网络系统建设浅探 [J]. 中国职业技术教育，2010（2）：85-86.

[31] 朱绍风，刘方爱 . 教育网格中教学督导评测系统设计与实现 [J]. 计算机技术与发展，2009，19（8）：189-192.